SOUVENIRS

DE

L'EXPÉDITION D'AFRIQUE.

SOUVENIRS

DE

L'EXPÉDITION D'AFRIQUE,

PAR BARCHOU-PENHOËN.

PARIS.
IMPRIMÉ CHEZ PAUL RENOUARD,
RUE GARENCIÈRE, N° 5, F. S.-G.

—

1832.

SOUVENIRS

DE

L'EXPÉDITION D'AFRIQUE.

A la fin d'avril 1830, je partis de Paris pour m'aller mettre aux ordres de M. le lieutenant-général Berthezène. Il commandait la première division de l'armée d'Afrique, et j'étais nommé son aide-de-camp.

L'expédition que je n'avais pas laissée populaire à Paris le devint davantage, à ce qu'il me sembla, à mesure que j'avançais dans le midi. Cette popularité lui venait sans doute de l'espérance qu'elle donnait au commerce de la Méditerranée, d'être enfin affranchi des pertes et des dangers que la guerre maritime lui faisait éprouver depuis plusieurs années. Il est probable d'ailleurs que sous un autre ministère, ou dans d'autres circonstances, elle eût été tout aussi bien accueillie dans le reste de la France, car enfin il s'agissait d'une réparation au pavillon national insulté.

Pour l'armée, cette expédition, qui venait après une longue

paix, qui était de nature à promettre du nouveau, de l'étrange, de l'aventureux, était une vraie bonne fortune. Parmi les officiers et parmi les soldats, on considéra comme une grande faveur d'être appelé à en faire partie. Au départ des régimens de leurs diverses garnisons pour se rendre à Marseille, Aix ou Toulon, où se rassemblait l'armée, aucun homme ne leur manqua. Ils ne s'allongèrent pas en route, comme c'est assez l'usage, d'une longue queue de traînards; ils ne laissèrent que peu de malades dans les hôpitaux, et arrivés à destination, se présentèrent à nos revues préparatoires au grand complet. A la vérité, je vis sous les armes bon nombre de soldats qui tremblaient de la fièvre, et se refusaient absolument à entrer à l'hôpital dans la crainte qu'un départ précipité ne les y fît oublier.

C'était là le résultat de cette belle loi du recrutement que l'armée devait au maréchal Saint-Cyr. On ne saurait avoir une meilleure espèce de soldats que ceux qu'elle amène sous les drapeaux. Depuis douze ans, l'avancement était donné à l'ancienneté, ou le choix était resserré dans des limites, soumis à des conditions qui rendaient difficile d'en abuser. La paix avait dû amener dans l'organisation, l'administration, l'équipement, grand nombre de perfectionnemens de détail, et cela s'était fait à tel point, que j'ai vu des officiers généraux depuis long-temps éloignés des troupes admirer la bonne mine de celles-ci. En un mot, je ne pense pas qu'aucune autre puissance de l'Europe eût pu montrer à cette époque une petite armée mieux équipée, mieux habillée, plus manœuvrière, plus homogène dans toutes ses parties, mieux engrenée dans tous ses rouages, animée d'un meilleur esprit, plus maniable enfin à la main d'un chef.

Ce chef, M. de Bourmont, il faut bien en convenir, était repoussé par les convictions, par les sympathies politiques de beaucoup de ses subordonnés. Toutefois, comme l'expédition qu'il commandait, ne remuait pas vivement les passions de cette nature ; que, de plus, chacun se laisse tout naturellement aller à ne considérer les autres hommes que par le côté où ils se montrent à lui, le ministre, le personnage politique disparaissait assez facilement ici sous l'habit du général en chef. Ajoutez à cela que la politesse exquise de M. de Bourmont, son obligeance extrême, ses manières parfaites étaient un charme tout puissant pour adoucir de fâcheux souvenirs. Aussi, lorsqu'à la mort d'Amédée les journaux s'arrêtèrent un instant dans la sanglante fustigation dont ils flagellaient en lui depuis quinze ans l'homme du 14 juin, lorsque je lus dans le *Journal des Débats*, interprète d'un sentiment général en parlant ainsi : « M. de Bourmont est noblement réconcilié avec la France, le sang de son fils a payé pour lui », j'en éprouvai, je l'avoue, une sorte de soulagement; il me sembla que je respirais plus librement. Pourtant, s'il arrivait que ce peu de pages que je vais tracer tombassent entre les mains de M. de Bourmont, il est probable que le nom qui les signera lui resterait inconnu. Tout en remplissant des fonctions qui m'amenaient souvent en sa présence, j'ai trouvé le moyen de le lui laisser ignorer.

L'amiral Duperré, posait bien plus naturellement en face des hommes qui lui obéissaient. Il se trouvait à leur tête, après avoir partagé toute sa vie leur bonne et mauvaise fortune. En fait de sympathie politique, en fait d'esprit de corps, il était en parfaite communauté de sentimens avec eux; or c'est dans ce cas, et seulement dans ce cas, à moins toutefois que le don divin du génie avec sa merveilleuse puissance de fascination ne vous ait été accordé, qu'il est possible de prendre une grande influence sur les masses. Mais aussi les officiers de marine avaient-ils une sorte de foi dans leur amiral. « Fiez-vous à l'amiral. — Ce qu'il est possible de faire, l'amiral le fera »; c'étaient là leurs réponses ordinaires à tout ce que nous pouvions leur dire sur les difficultés du débarquement et sur les opérations qui devaient suivre. Avec cette autorité morale que lui donnait toute sa vie passée, doué, de plus, d'une grande énergie de caractère, il pouvait vaincre les nombreux obstacles qui devaient nécessairement se rencontrer dans l'organisation d'une aussi vaste entreprise, et qui pour d'autres seraient peut-être demeurés insurmontables. Il le fit : le succès passa même toute espérance. Dans les premiers jours de mai, on put déjà fixer le jour de l'embarquement, et à un terme beaucoup plus rapproché qu'on ne l'avait d'abord présumé possible.

Les choses en étaient là, lorsque arriva M. le Dauphin pour inspecter l'escadre et l'armée. Comme de raison, tout aussitôt accoururent pour le visiter, le féliciter, le complimenter, les autorités civiles et militaires. Dans les harangues, entourés de bien d'autres ornemens de rhétorique, brillèrent encore une fois dans toute leur pompe officielle, la religion de saint Louis, la monarchie de Louis XIV, le panache blanc de Henri IV. Dans les salons et les antichambres on fit queue, foule, cohue. La légitimité, la fidélité, le dévoûment, s'exprimèrent là d'une si bruyante façon et par tant de bouches, que vous en eussiez été étourdi. Il vous eût fallu du bonheur pour faire dix pas sans coudoyer quelqu'un parlant de se faire tuer au besoin sur les marches du trône, aux pieds du prince. Après cela vinrent les visites aux établissemens publics, les revues, les parades, les promenades par la ville à pied et à cheval; enfin toutes ces scènes à grand spectacle où le pouvoir qui trône, pour le moment, aime à venir se montrer au peuple : sorte de mélodrame qui semble se jouer en permanence sur la place publique, tant les royautés diverses sont ardentes à venir y figurer, qu'elles relèvent de Dieu, d'une épée victorieuse ou du pavé populaire; sorte d'imbroglio qui doit être éternel, car aucune catastrophe n'en amène le dénoûment. Parfois, il est vrai, surgit bien quelque révolution, personnage inattendu, qui, de sa rude main, met à l'écart l'acteur principal, le héros de la scène; mais un autre qui dans la coulisse en essayait tout bas le rôle, arrive aussitôt pour le remplacer ; et n'ayez souci que les confidens aient vidé la place, ou ne soient à la réplique avec ce nouveau venu. — Disons cependant que, dans cette occasion, certains détails de la mise en scène furent plus soignés que de coutume. Quelque Gicéri du genre n'aurait rien imaginé de mieux.

Notre division, avec ses armes étincelantes au soleil, ses uniformes variés, avec l'état-major général galopant dans ses rangs, avec une foule de cavaliers, de voitures, de femmes élégantes qui l'entouraient, transportant sur les glacis de Toulon le boulevard de Gand, présenta déjà un beau coup-d'œil lorsqu'elle fut passée en revue par le prince; mais ce ne fut rien, comparé à l'aspect qu'offrit la rade pendant la visite qu'il fit au vaisseau amiral. A voir cette mer bleu-clair, unie comme un miroir, réfléchissant en larges nappes d'or les rayons d'un soleil de Provence, ou bien les brisant en milliards de paillettes scintillantes; à voir ces vaisseaux de haut-bord, vergues et agrès, chargés de matelots en blanc, pavoisés de pavillons de toutes sortes, au milieu desquels l'embarcation montée par le prince, toute resplendissante de dorures, circulait çà et là, suivie d'une multitude d'autres embarcations; à voir tout cela encadré d'un rivage dont le sable, jaune d'or, disparaissait sous un peuple en habits de fêtes, où de petits monticules s'émaillant de mille couleurs sous les robes blanches, les châles et les chapeaux des femmes qui les couvraient, apparaissaient, vus d'un peu loin, comme autant d'immenses corbeilles de fleurs qu'une main d'artiste n'aurait pu mieux grouper : à voir tout cela, dis-je, c'eût été plus qu'un magnifique spectacle que vous auriez cru avoir devant les yeux, mais vraiment une sorte de tableau fantastique, magique.

Vous eussiez compris aussi combien il était naturel que, sous le charme de tout cela, M. le Dauphin répétât plusieurs fois pendant cette promenade, tantôt au général en chef, tantôt à l'amiral : — Que vous êtes heureux de commander une aussi belle armée, une aussi belle escadre !

Le prince s'étant transporté, après avoir pris terre, sur le sommet d'une colline à peu de distance du rivage, on lui donna, on lui joua, pourrait-on dire, une représentation du débarquement, tel que nous devions l'exécuter en Afrique, et assurément tel que nous ne l'exécutâmes pas. Mais cette répétition, comme c'est assez l'usage des répétitions de tout genre, fut froide, inanimée, presque manquée. Il me sembla que nos grenadiers et nos voltigeurs ne se prêtaient pas de fort bonne grâce à se mettre les jambes à l'eau. A Sidi-Feruch, au contraire, ils s'y précipitaient à l'envi jusqu'à la ceinture, jusqu'aux épaules. Cela me rappela un mot attribué à M. de Bezenval. On prétend qu'un jour, gravissant un chemin escarpé, difficile, à la tête d'une compagnie de grenadiers, il se retourna pour leur dire : — « Sacredieu, mes amis, il faut convenir qu'on ne grimperait jamais là-haut, s'il n'y avait pas des coups de fusil à gagner. » Ce n'est pas d'aujourd'hui que les hommes de toutes les classes aiment à être pris au sérieux.

Après le départ de M. le Dauphin, qui ne passa que peu de jours parmi nous, nous nous occupâmes aussitôt de transporter à bord notre division, hommes et chevaux. Mes fonctions me faisaient une obligation d'assister à cet embarquement. Pendant qu'il dura, je ne quittais guère les quais. Ne croyez pas, toutefois, que cela me fût le moins du monde désagréable. J'y prenais plaisir au contraire. J'aimais à voir les soldats se réjouir d'être enfin à ce moment du départ auquel ils avaient cru n'arriver jamais. La mer, les pays nouveaux, les champs de bataille qu'ils allaient voir, ils parlaient de tout cela en termes grossiers, grivois, mais énergiques, figurés, pittoresques et ne manquant pas d'une sorte de poésie. Ils se montraient, par les beaux côtés de la nature de l'homme, l'amour du danger, de l'inconnu, du merveilleux, sans que rien de mauvais se mêlât à cela, ni cupidité, ni intérêt, ni ambition même; car dans notre temps, dans ce siècle de lumières, comme nous disons, Duguesclin, qui fut pourtant un assez rude compagnon, et dont la main ne laissait pas que d'être pesante à l'ennemi, Duguesclin ne pourrait aspirer à l'honneur d'être caporal. Or, nos jeunes conscrits se trouvaient pour la plupart dans le même cas que le bon connétable : ils ne savaient pas lire.

Lorsqu'après le tour des hommes arrivait celui des chevaux, la scène changeait. C'était pitié comme ces pauvres animaux, aussitôt que nous étions parvenus à les faire entrer dans les bateaux qui devaient les conduire à bord, se montraient inquiets et troublés. Ils trépignaient, ils ruaient, ils se battaient entre eux. A mesure que nous nous éloignions ensemble du rivage, ils fixaient sur nous un œil de plus en plus attristé. Baissant ensuite la tête avec découragement, ils ne la relevaient plus jusqu'au moment où des mains vigoureuses, au moyen d'un système de cordages et de larges sangles qui leur passaient sous le ventre, les hissaient à bord : alors, en quittant terre, ils se débattaient quelques secondes avec fureur; mais bientôt, s'apercevant qu'ils ne frappaient que le vide, suspendus, balancés au milieu des airs, ils se laissaient aller tête et jambes pendantes, sans plus donner signe de vie. A peine seulement tressaillaient-ils encore parfois comme un mourant au dernier moment de son agonie. C'est dans cet état qu'ils arrivaient à fond de cale. Là, tout étourdis, ils se laissaient choir dans la position où ils touchaient terre. Pour les rappeler à eux, il fallait un coup léger, une forte caresse; mais alors ils se relevaient vivement, avec de joyeux hennissemens, tout prêts à s'élancer :

ils se retrouvaient encore les nobles compagnons de l'homme.

Une fois le dernier homme de l'armée embarqué, le vent, de favorable qu'il avait été jusque-là, devint tout-à-coup contraire. Bien des jours d'ennui se succédèrent alors pour nous. Nous n'avions absolument rien à faire, et pas beaucoup plus à nous dire, isages nouveaux que nous étions tous les uns pour les autres. Un jour nous nous amusions à suivre les manœuvres d'un bateau à vapeur qui courait des bordées pour entrer en rade; un jour c'était un bâtiment levantin avec ses voiles de coton d'une blancheur éblouissante, et faisant honte au gris sale des nôtres, avec son équipage au teint basané, à la calote rouge, aux épaisses moustaches, où nous voulions à toute force deviner un de ces bricks aventureux, une de ces légères tartanes qu'auraient monté Miaulis ou Canaris; un autre jour, un matelot, nous montrant à la surface de l'eau quelques débris noircis par le feu, nous racontait comment le vaisseau de haut-bord dont ils étaient les restes, brûlant à peu de distance du port, avait fourni, peu de mois auparavant, à la population de Toulon, un magnifique et terrible spectacle, apparaissant tantôt comme un volcan d'où jaillissaient de larges flammes à travers une épaisse fumée; tantôt, en raison de la diversité des matières qui brûlaient, comme un fantastique navire à carcasse d'or, à mâture de porphyre, aux cordages et aux agrès d'argent; puis enfin, comme une immense fournaise où la flamme et l'eau se combattirent long-temps avec d'étranges sifflemens, d'horribles bouillonnemens : et tout cela était autant d'évènemens dans la monotonie de notre existence.

Un jour arriva cependant où le vent se déclara pour nous. Il était faible, et c'est à peine si nous osions espérer. Cependant nous ne quittâmes plus des yeux le vaisseau amiral, jusqu'à ce que le pavillon de partance s'y fût déroulé. Lorsqu'il le fut, nous regardâmes aussitôt autour de nous avec une impatiente curiosité, pour voir ce qui allait se passer. Mais, comme si notre attente eût dû être trompée jusqu'au bout, les préparatifs qui se faisaient sur chaque vaisseau n'étant point visibles pour les autres, la rade conserva pendant plusieurs heures le même aspect : tout au contraire même de ce qu'il eût été possible d'imaginer, un nombre d'embarcations dix fois plus considérable que de coutume se dirigea vers la terre ; elles portaient sans doute des gens qui couraient achever leurs affaires, dire un dernier adieu. Lorsqu'elles revinrent, beaucoup d'autres les accompagnèrent qui entourèrent chacun de nos vaisseaux de ligne, et il s'en éleva pendant quelques instans de longs cris d'adieu, mille souhaits de bon voyage.

Ce fut un bâtiment de transport dont chacun s'empressa de remarquer le numéro, qui le premier mit enfin à la voile. Passant près de *la Ville de Marseille* que je montais, il inclina de son côté comme s'il l'eût saluée, et gagna la pleine mer. Deux ou trois autres suivirent d'autres encore, et lorsque tous furent en mouvement, arriva le tour des bâtimens de guerre. *La Couronne* et *le Duquesne* dont nous étions voisins, mirent au vent leurs larges voiles; puis enfin *le Trident,* monté par l'amiral Rosamel, et dont l'équipage avait fait long-temps, dans les mers du levant, l'admiration des Anglais eux-mêmes.

En ce moment, la forte voix de notre capitaine retentit sur le pont. Un peuple de matelots marcha, courut en tout sens dans les labyrinthes de cordages qui se croisaient au-dessus de nos têtes. D'autres matelots tournèrent le cabestan, appuyant leurs pas sur le pont avec une cadence fortement marquée. Il s'agissait de lever l'ancre en virant de bord pour prendre le vent. Déjà nous avions quelques voiles déployées et d'autres préparées à l'être : l'ancre était arrachée du fond, et nous tournions sur nous-mêmes avec une vitesse qui allait s'accélérant, lorsque de grands cris s'élevèrent d'une embarcation prise dans nos manœuvres, et que nous allions couler bas. A ce bruit, les timoniers voulurent vainement arrêter le mouvement du vaisseau à l'aide du gouvernail; le gouvernail fut rebelle à leurs efforts. Quelques secondes de plus, et c'en était fait de l'embarcation. Mais deux ou trois voiles déployées à l'ordre du commandant paralysèrent l'effet des premières, et le vaisseau s'arrêta court, se balançant fortement sur sa quille, craquant dans toutes ses jointures, comme frémissant d'impatience sous la main vigoureuse qui le domptait. L'embarcation s'éloigna à force de rames. Notre première impulsion nous fut rendue, et bientôt, présentant au vent toutes nos voiles dans une direction favorable, nous nous élançâmes en bondissant légèrement.

Nous vîmes successivement disparaître derrière nous la grosse tour, le fort Lamalgue, le cape Sepé. Les îles d'Hyères se montrèrent encore quelque temps à notre gauche empourprées de la lumière du couchant; à notre droite, une côte montagneuse s'enveloppait d'un voile de vapeurs auquel les derniers rayons du soleil faisaient pendre de nombreux festons, attachaient d'élégantes broderies; puis enfin la mer se déroula devant nous immense, sans limites, image de l'infini pour les faibles yeux de l'homme. Les étoiles ne tardèrent pas à poindre sur l'azur du ciel devenu plus sombre, la vague à étinceler. L'escadre s'enfuit dans les ténèbres pendant que le soleil s'éteignit à l'horizon, et bientôt de tout ce magnifique spectacle qui peu d'instans auparavant enchantait les yeux et l'imagination, il ne resta plus que quelques fantômes blanchâtres qu'on apercevait çà et là dans l'immensité, faisant jaillir à leurs pieds mille lueurs phosphorescentes.

A leur sortie de la rade, les vaisseaux s'étaient mêlés, s'étaient croisés en tous sens jusqu'à ce que de cette confusion momentanée fût sorti l'ordre définitif dans lequel nous devions marcher: aussi le soleil du lendemain nous les montra-t-il divisés en trois immenses colonnes, dont les extrémités se perdaient à l'horizon. Les vaisseaux s'avançaient majestueusement, voiles à moitié déployées. Les frégates, plus légères, semblaient avoir peine à retenir leur essor ; mais tous marchaient rigoureusement enchaînés à leurs rangs.

Seuls, nos bateaux à vapeur n'avaient aucune place assignée. Porteurs des ordres de l'amiral, ils allaient sans cesse de la tête à la queue des colonnes, et traversaient nos rangs en tous sens. Dans leur marche rapide, rien n'était obstacle à la force d'impulsion qu'ils puisaient dans leurs propres flancs. Ils se jouaient dédaigneusement du vent contraire. Ils se balançaient avec grâce sur la vague écumeuse. Je les suivais alors de l'œil avec un inexplicable intérêt. Ce n'étaient plus pour moi de simples machines : c'étaient des êtres animés, puissans d'intelligence et de volonté, et je me disais parfois, en les regardant faire : ainsi cheminent noblement dans la vie quelques hommes d'élite, peu soucieux du vent ou de la vague qui pousse ou soulève la multitude, et portant dans leur sein quelque grande pensée, quelque noble sentiment, où ils puisent toute leur destinée.

Tout en faisant le moins de voiles possible pour marcher unis, comme le vent ne cessa de nous favoriser, nous nous trouvâmes dès le quatrième jour en vue de la côte d'Afrique, mais, à notre grand étonnement, nous virâmes de bord, pour reprendre la direction de la France, et le jour suivant l'escadre se trouvait dans la baie de Palme.

Là il nous fallut subir de nouveau les longs ennuis de la rade de Toulon, et cette fois avec moins de résignation peut-être, parce que nous ne savions à quoi nous en prendre. La cause n'en était connue qu'à bord du vaisseau-amiral. Pour nous, sur le pont de notre *Ville de Marseille*, nous la cherchions vainement du matin au soir à travers le vaste champ des conjectures.

S'agissait-il d'attendre nos bâtimens de transport et de débarquement, qui avaient dû nous rallier à Palme et qui n'auraient pas pu le faire? S'agissait-il de quelque incident tout-à-coup survenu, ou de nouvelles négociations entamées entre la France et Alger? Etions-nous alors réservés à la mystification de voir se dénouer sous nos yeux, par la main de la diplomatie, le nœud que nous avions eu mission de trancher avec le sabre? Dans la première de ces suppositions, nous nous croyions en droit d'éprouver quelque impatience; car il nous semblait que, dans le cas où elle eût rencontré juste, la contrariété que nous éprouvions eût été facilement prévenue. N'eût-il pas été suffisant pour cela qu'au lieu de diviser les bâtimens de l'escadre en plusieurs convois qui devaient rallier en route, on n'en eût fait qu'un seul, afin qu'ils partissent ensemble, fissent route ensemble et arrivassent ensemble? Si toutefois il était plus à propos de marcher en convois séparés, s'il était tellement à craindre d'encombrer la mer, comment se faisait-il que toutes nos forces ne fussent pas encore ralliées? Lors de l'expédition d'Egypte, cinq cents bâtimens, partis de dix ports différens, à un jour, presque à une heure indiqués, s'étaient bien trouvés à un même rendez-vous. La Méditerranée est-elle devenue plus difficile depuis cette époque, ou bien les chefs moins heureux dans leurs combinaisons? Mais, à la seconde supposition, c'était plus que de l'impatience que nous éprouvions : c'était de l'irritation, de la colère. Il nous était pénible, insupportable, odieux de nous sentir arrêtés par une main où nous croyions reconnaître l'Angleterre à l'entrée d'une carrière, au bout de laquelle quelque gloire nous attendait peut-être. C'était pourtant là ce qui, à tout prendre, était le plus probable. A notre sortie de Toulon, nous avions rencontré une frégate turque, qui se rendait en France. Le salut de l'amiral, qui avait précédé le sien, nous avait appris qu'elle était montée par un personnage de distinction, et notre séjour prolongé dans la baie de Palme nous donnait à croire, avec quelque vraisemblance, que ce personnage était un envoyé de la Porte, porteur de quelques propositions d'accommodement sur lesquelles on délibérait à Paris.

Pendant tout ce temps, s'il ventait, nous gagnions la pleine mer à force de voiles, pour revenir peu d'heures après chercher de nouveau l'abri de la côte. Par les jours de calme et de soleil, nous mettions aussi toutes nos voiles dehors; puis, de même que l'oiseau qui étend quelquefois les ailes, sans quitter la branche où il se balance, nous demeurions immobiles, à cela près d'un léger tangage. C'était vraiment un de ces mauvais rêves, où l'on veut s'enfuir, où l'on croit s'élancer; mais où l'on se débat vainement sous une force invisible, qui paralyse vos efforts et vous cloue en place.

Ce ne fut qu'au bout de dix jours que nous sortîmes enfin de cet état de doute et d'anxiété. Le général en chef appela ses officiers-généraux à une conférence. J'y accompagnai le lieutenant-général, et là nous apprîmes les nouvelles. Notre relâche dans la baie de Palme avait eu pour unique motif la nécessité de rallier nos bateaux de débarquement. Ces bateaux étaient déjà à Palme, à notre passage devant les Baléares. Sur l'ordre de l'amiral, ils étaient allés nous attendre au cap Caxine, sur lequel nous marchions, et s'y trouvaient le jour où nous y parûmes; mais comme ce jour-là le temps n'avait pas paru à l'amiral convenable pour le débarquement, il s'était décidé à venir attendre à Palme qu'il le devînt, et leur avait assigné ce nouveau rendez-vous. Ils s'y rendaient, lorsqu'un coup de vent les ayant dispersés, il leur avait fallu plusieurs jours pour se rallier; tous ne l'étaient même pas encore.— La frégate égyptienne portait Taher-Pacha, grand amiral de Turquie, qui, empêché par notre croisière de pénétrer à Alger où il avait à remplir une mission de la Porte, se rendait à Toulon pour attendre les évènemens. Il n'avait d'ail-

leurs aucun caractère officiel auprès de notre gouvernement.
— L'armée continuait à montrer les meilleures dispositions; son état sanitaire, par suite peut-être de l'excitation morale où vivait le soldat, était plus satisfaisant qu'il n'aurait été possible de l'espérer : elle ne comptait pas quatre-vingts malades. Toutes les dépêches du ministère pressaient l'expédition au lieu de la retarder, et l'amiral se décidait à agir immédiatement, bien qu'il ne pût encore, je crois, disposer de tous ses moyens.

Le général en chef donna une dernière fois aux officiers-généraux ses instructions sur le débarquement; elles furent discutées, convenues de nouveau, puis l'on se sépara.

Le lendemain au lever du soleil, cette fois pour tout de bon nous mîmes à la voile, et le matin du troisième jour nous étions en vue des côtes d'Afrique. Sur le rivage se montra une espèce de roche crayeuse qui, sur la verdure dont elle était entourée, se projetait en découpures singulières. A mesure que nous en approchions, elle se revêtait de formes bizarres, et peut-être allait-elle enfin nous apparaître comme une ville, car c'était Alger; mais la laissant à notre gauche et longeant la côte, nous mîmes le cap sur Sidi-Feruch. Cette presqu'île, à l'heure qu'il est, jouit encore d'un grand renom chez les Arabes à cause du tombeau d'un marabout qu'elle renferme. Alors elle était célèbre aussi, quoique beaucoup moins, à ce second titre qu'au premier, par une batterie de pièces de gros calibre qui en défendait les approches. Dans ce moment, toutefois, c'était la batterie, non le marabout qui nous occupait. Aussi fûmes-nous tout yeux et tout oreilles au moment où nos vaisseaux têtes de colonnes la doublèrent. Mais nous n'entendîmes, malgré cela, aucune détonation; nous ne vîmes s'élever dans les airs aucun nuage de fumée. L'escadre se rangea tout entière dans la baie sans essuyer un coup de canon. Alors seulement des bombes nous arrivèrent d'une batterie cachée dans les broussailles. Leur effet fut peu meurtrier.

A trois heures, les deux premières brigades de notre division eurent ordre de débarquer sur-le-champ. Nous nous mîmes avec ardeur à l'exécution, car il nous semblait d'une grande importance de nous emparer dès le soir même de la presqu'île. De son extrémité qui se projetait assez loin dans la mer, on découvrait toute la côte où nous devions agir le lendemain. C'était par conséquent un point qui, pour ou contre nous, devait jouer un grand rôle dans le drame qui allait commencer, que cependant l'ennemi nous livrait en ce moment. De plus, resserrée à sa gorge comme elle paraissait l'être, il ne devait pas nous être difficile de la mettre de ce côté, pendant la nuit même, à l'abri d'un coup de main. Déjà nous remplissions les chalans, larges bateaux plats qui devaient nous porter à terre, mais tandis que nous n'attendions plus qu'un signal pour nous détacher des vaisseaux, ce fut un contre-ordre qui arriva. L'opération était remise au lendemain.

Une heure avant le jour, nous étions donc encore une fois à nos postes dans les chalans. Bientôt de petites embarcations nous remorquant, nous voguâmes vers le rivage qui continuait de rester sombre, désert, silencieux. Il ne s'anima pas davantage au moment où nous prîmes terre. Nos armes brillèrent seules aux premiers rayons du soleil, et nous ne découvrîmes ni un ennemi ni un retranchement. Quatre pièces de campagne dans la presqu'île, nous prenant en flanc et de revers, eussent rendu tout débarquement impossible; quelques centaines de tirailleurs, disséminés derrière de petits tertres qui bordaient la côte, et dont chacun pouvait mettre dix à douze hommes parfaitement à couvert, nous eussent fait un mal incalculable. Cependant nous étions à terre depuis une heure qu'un seul coup de fusil, qu'un seul coup de canon n'avait pas encore été tiré.

Échappés enfin des prisons flottantes qui nous avaient retenus si long-temps, nous prenions un singulier plaisir à marcher sur la terre, à nous y asseoir, à nous y étendre. Nous respirions avec délices l'air embaumé du matin. Ramassant des cailloux, cueillant des plantes ou des fleurs nouvelles pour nous, nous semblions dire de vingt façons diverses : « O Afrique! je te tiens. » Il ne s'agissait pas toutefois d'écarter un mauvais présage. C'est tout au plus si nous n'avions pas même oublié que c'était un rivage ennemi que nous foulions, lorsque arriva le moment où il fallut bien s'en souvenir. Un cavalier arabe, en védette, se montra caracolant sur une colline éloignée, tout-à-fait hors de portée. Il ne nous en lâcha pas moins son coup de carabine en manière de déclaration de guerre. Pour ne pas demeurer en reste avec lui, nous répondîmes avec un obusier : il en vit le feu, et, pour éviter le coup, lança son cheval au galop. Mais sur quel coursier fuir sa destinée? Gagnant un quine de malheur, atteint d'un coup qui, à cette distance et sur un but aussi mobile, serait demeuré unique entre mille, l'Arabe et son cheval, après avoir bondi sous le choc de l'obus et chancelé une ou deux secondes, tombèrent enfin, provoquant dans tous nos rangs, je dois l'avouer, de longues et bruyantes risées.

Peu de temps après cet incident, des boulets et des obus qui traversèrent nos rangs, nous avertirent qu'il était temps de prendre un parti. L'ennemi était en position. A la direction de ses feux, nous vîmes que par sa droite il s'appuyait à la mer, à l'est de la presqu'île, pendant que nous étions débarqués à l'ouest; sa gauche refusait; son front était couvert de broussailles épaisses; il venait de nous montrer que sur ce front il avait de l'artillerie de même qu'à sa droite : il était vraisemblable que la gauche n'en était pas dégarnie. Il s'agissait donc de le tourner par une de ses ailes. Mais par laquelle? Il fallut délibérer quelques instans sur cette question. Cependant comme c'était à droite que le terrain était le plus élevé, que de là il dominait les côtes est et ouest de la presqu'île; qu'ainsi ce point était également important pour lui, que nous eussions débarqué sur l'une ou l'autre, il était à croire qu'il avait rassemblé là ses plus grands moyens de défense; comme de plus, en attaquant par sa gauche, nous avions l'avantage de pouvoir cheminer long-temps cachés par les broussailles, ce dernier mode d'attaque fut définitivement choisi.

Pour l'exécuter, notre division, la seule qui fût à terre, se mit en mouvement. Nous marchâmes par brigades, en colonnes serrées, par divisions. La deuxième brigade devait faire une démonstration sur le front de l'ennemi; la première, avec laquelle marchait le lieutenant-général, et la troisième, le déborder par sa gauche. Mais à peine eûmes-nous marché quelque temps de la sorte, qu'il fallut modifier cette disposition; la deuxième brigade souffrait beaucoup de l'artillerie ennemie. La faire continuer dans la même direction, eût été dépenser inutilement grand nombre d'hommes; elle reçut donc l'ordre de suivre le mouvement des deux autres brigades.

Cheminant à travers des broussailles élevées, nous entendions autour de nous d'étranges sifflemens. La terre, bien qu'aucun souffle n'agitât les arbres, se jonchait sous nos pas de feuilles et de branches brisées. Des hommes tombaient aussi dans nos rangs. D'ailleurs, quoique nos tirailleurs soutinssent une vive fusillade, nous avions déjà marché depuis assez long-temps, que nous ne savions pas encore à qui nous avions à faire. Mais tout-à-coup nous entendîmes crier en avant de nous : A nous les têtes de colonnes! à nous, à nous! Nous nous élançâmes au pas de course. C'étaient nos voltigeurs groupés, pelotonnés en cercle, assez vigoureusement chargés par les Bédouins, qui nous appelaient au secours. Nous les dégageâmes promptement; ils reprirent l'offensive. Alors pour la première fois je vis distinctement les ennemis avec qui nous étions aux prises. Ils combattaient en tumulte, en désordre, mais avec adresse et bravoure. Les uns à pied ajustaient lentement, posant leurs longs fusils sur quelque branche d'arbre, et après avoir tiré s'élançaient à quelques pas pour recharger. Les autres sur de petits chevaux nerveux, infatigables, galopaient sur les pentes rapides, les rochers escarpés, à travers les plus épaisses broussailles; arrivant à nous à toute bride, ils s'éloignaient de même après avoir fait feu. C'était encore, en un mot, toute la manière de combattre de ces Numides, qui sur les mêmes lieux fut si souvent fatale aux Romains, malgré leur bravoure et leur savante discipline. Les armes seules avaient changé. Au milieu d'eux les Turcs se faisaient facilement reconnaître, remarquables qu'ils étaient à leurs vêtemens de couleurs éclatantes et surtout à leur intrépidité.

Après les avoir chassés devant nous l'espace de quelques heures, perdant assez de monde, mais n'éprouvant nulle part de résistance, nous nous trouvâmes maîtres de leur position.

Nous vîmes alors que, pour attaquer cette position par sa droite, il nous eût fallu marcher pendant trois quarts de lieue sur un terrain découvert, uni, incliné du côté de la mer, un vrai glacis, en face d'une batterie de douze pièces de gros calibre, dont pas un coup n'eût été perdu. Le succès de l'attaque eût pu être fort douteux. En admettant qu'il eût été complet, il eût été chèrement payé. Peut-être en serait-il resté de fâcheuses impressions dans l'esprit du soldat. Loin de là, il était maintenant plein de confiance en lui-même, et de l'idée de sa supériorité sur l'ennemi. Le coup d'œil exercé et la vieille expérience du général Berthezène qui le portèrent à proposer au général en chef l'attaque que nous avions exécutée l'avaient donc bien conseillé.

Arrivés ainsi au terme de notre première journée, nous prîmes position, en nous étendant sur une ligne oblique à celle qu'occupait l'ennemi. Vous pourriez peut-être vous en faire quelque idée, si vous la supposez courbe, passant à sa gauche par les sommets de plusieurs collines, se prolongeant à droite sur un plateau, en face duquel se trouvait un ravin; et si vous lui donnez enfin pour centre la gorge de la presqu'île. En face de nous étaient d'autres collines plus élevées que celles que nous couronnions, et au-delà un grand plateau fort au-dessus du niveau de la mer où se trouvait le camp des Turcs; circonstance qu'alors nous ignorions complètement. La deuxième division, débarquée pendant notre attaque, avait pris notre droite. La troisième fut chargée du service des transports, et en même temps de la construction d'un camp retranché destiné à couvrir la presqu'île. Le général en chef et le quartier-général demeurèrent à Sidi-Feruch.

Deux jours après arriva l'épisode obligé des expéditions d'Afrique, qui pour la première fois n'en amena pas le dénoûment: un ouragan terrible. Ce furent des tourbillons de grêle et de pluie si épais, qu'on n'y voyait pas à dix pas; un vent tellement impétueux, qu'il forçait nos chevaux à se coucher, brisait les arbres, balayait les broussailles comme de la poussière; le tonnerre à-la-fois en cinq ou six endroits du ciel, et la mer tantôt découvrant une large plage, tantôt venant s'y dérouler en lames furieuses, avec d'épouvantables mugissemens. Presqu'au même instant les vaisseaux étaient droits sur leur quille ou couchés par leur travers; un grand nombre d'entre eux chassait sur leurs ancres; quelques-uns tiraient le canon d'alarme, menacés qu'ils étaient de faire côte ou de s'aller briser les uns contre les autres; le rivage ne cessait de se couvrir de débris. Ce spectacle était effrayant. Ce qui néanmoins l'était bien davantage encore, ce qui éveillait dans les esprits de bien d'autres craintes que les longs éclats de la foudre toujours retentissante, c'étaient les souvenirs de tant d'autres expéditions terminées par de semblables évènemens; c'étaient surtout, comme planant au milieu de la tempête, ceux de l'immense désastre de Charles-Quint, dont quelques-uns commençaient peut-être à s'entretenir à voix basse. Déjà en effet des conseils timides s'agitaient, disait-on, au quartier-général. Un moment la résolution fut prise d'abandonner notre position pour en prendre une autre plus rapprochée du rivage, en cas de besoin, plus facile à défendre. Un aide-de-camp du général Berthezène, qui pendant la tempête l'avait accompagné à Sidi-Feruch, fut envoyé de là, porter l'ordre aux trois régimens de la gauche de notre division de se tenir prêts à rétrograder. Heureusement que les bonnes dispositions des troupes, les précautions prises par les chefs pour préserver les armes, dont il eut à faire son rapport au lieutenant-général, mirent ce dernier à même de renouveler des représentations pleines de fermeté pour qu'il lui fût permis de conserver une position dont il répondait. L'avertissement donné n'eut pas de suite. Puis la tempête après avoir duré plusieurs heures, avec une violence toujours la même, sans relâche où respirer, sans redoublement où croire qu'elle allât s'épuiser, s'apaisa presque aussi soudainement qu'elle avait éclaté.

Pendant tout le temps que nous occupâmes la même position, c'est-à-dire, du 14 au 19, nous ne cessâmes guère d'être entourés, depuis le lever du soleil jusqu'à la nuit, d'un essaim de tirailleurs turcs et bédouins. Ils ne paraissaient d'ordinaire nullement disposés à une attaque sérieuse. Cependant nous les vîmes le 17 en plus grand nombre, observant un meilleur ordre et montrant plus de détermination que de coutume. Ils marchaient autour de chefs reconnaissables à la magnificence de leurs vêtemens. Ils s'approchèrent de nos avant-postes à portée de fusil, et défilèrent de la sorte tout le long de la ligne. Nous apprîmes plus tard que c'était une reconnaissance conduite par le janissaire aga en personne. Lorsqu'elle fut effectuée, le feu cessa, et pour la première fois, la campagne que nous avions en face de nous devint déserte et silencieuse dès le milieu de la journée.

Quelques soldats d'un poste avancé auprès duquel je me trouvais par hasard, causant avec un officier de mes amis, aperçurent alors un Bédouin qui tantôt se montrait, tantôt disparaissait dans les broussailles pour se laisser voir de nouveau, mais un peu plus près de nous. Il était naturel de penser d'abord à quelque ruse, à quelque embuscade. Cependant un officier, qui crut deviner son intention, fut à lui armé seulement d'un poignard qu'il cacha pour ne pas l'intimider. Il l'emmena. C'était un vieillard encore plein de force et de verdeur, mais dont les nombreuses rides annonçaient bien soixante-dix ans. Il était haletant, épuisé de fatigue et aussi de faim, comme il nous l'apprit plus tard; car, pour exécuter le dessein qu'il avait formé de venir à nous, il lui avait fallu se tenir caché trente-six heures dans les broussailles; et depuis ce temps, il était à jeun; de plus, se voyant au milieu de nous, bien qu'il l'eût voulu, la terreur le saisit; nous eûmes bien de la peine à le rassurer par mille protestations transmises, peut-être aussi un peu défigurées par un interprète. Quelques gouttes d'eau-de-vie l'ayant un peu ranimé, nous le conduisîmes alors à l'état-major de la première division. Là, il s'assit les jambes croisées, chargea sa pipe, et se mit à fumer. Il affectait en tout cela une grande impassibilité. Néanmoins, certaine contraction nerveuse, qui de temps à autre plissait son front, dénotait une profonde émotion. Son menton rasé, tout son extérieur, et plus encore que cela, ses discours où le nom de Dieu se trouvait à chaque parole, annonçait un marabout; « Dieu est grand, ne cessait-il de répéter; c'est Dieu qui l'a voulu; que la volonté de Dieu soit faite! » Entre autres questions, l'un de nous, lui montrant la foule de soldats qui nous entourait, nos faisceaux d'armes et nos canons, lui fit demander si avec tout cela il croyait qu'il nous serait bien difficile de venir à bout des Turcs. A cela le vieillard se saisit de quelques petites branches sèches qui se trouvaient à sa portée, et les brisant une à une, il les jeta au fur et à mesure loin de lui, répétant plusieurs fois : Si Allah ! si Allah ! si Dieu le veut, voulait-il dire sans doute, il en sera comme de ce bois. Cependant lorsqu'il se fut reposé assez de temps, lorsqu'il eut plusieurs fois rempli et vidé sa pipe, mangé des oranges et des citrons que nous lui offrîmes ; qu'on eut épuisé tous les moyens possibles de le rassurer ; que nous lui eûmes vraiment fait, nous, c'est-à-dire, les officiers qui se trouvaient là, autant de coquetteries qu'à une jolie femme, vieux et laid qu'il était, le lieutenant-général me chargea de le conduire au général en chef. Je n'en vins pas à bout sans quelque difficulté. La foule accourait sur notre passage de manière à le rendre impossible. Il fallut du temps, et l'aide d'une compagnie de grenadiers, beaucoup de patience, et passablement de coups de crosse.

Pendant ce trajet, un lieutenant-général nous arrêta quelques instans ; il interrogea l'Arabe d'un ton hautain, en l'examinant avec une sorte de curiosité méprisante. Dans toutes ses manières perçaient une arrogance, un dédain que ne tempéraient aucune noblesse, aucune dignité. Tirant ensuite sa bourse, il voulut lui donner, ou plutôt lui jeter quelques pièces d'argent ; mais à peine le vieillard eut-il vu ce geste ou deviné cette intention, qu'il recula vivement de deux ou trois pas, jetant en même temps ses mains en avant pour repousser ce qui lui était offert. Tout son vieux sang parut se rallumer pour venir porter à son visage l'expression d'une généreuse indignation. Puis tout aussitôt faisant à son tour le geste de fouiller dans ses poches, il fit comprendre que lui-même était disposé à donner de l'argent, non à en recevoir. Cette pantomime inattendue, rendue assez piquante par le contraste de ses haillons et des broderies du général, termina la scène à son avantage, en mettant, comme on dit, les rieurs de son côté. De grands éclats de rire partirent çà et là parmi ceux qu'elle avait pour spectateurs, et je dois avouer que je fus de ceux-là, malgré la subordination, peut-être à cause d'elle.

Au quartier-général, l'Arabe se borna à répéter pendant long-temps les mêmes exclamations dont il avait été si prodigue avec nous. Cependant un interprète dont il partageait la tente, étant parvenu à gagner sa confiance, il finit par s'ouvrir à ce dernier. Personnage important d'une des tribus arabes, il s'était dévoué à venir sous l'habit d'un pauvre marabout, à travers mille fatigues et mille dangers, voir de près les étrangers qui envahissaient sa patrie. Il voulait leur demander à eux-mêmes compte de leurs desseins, savoir la conduite qu'ils voulaient tenir avec les tribus déjà opprimées par les Turcs, et surtout s'il était bien vrai qu'ils fussent, comme on le disait, les ennemis de la loi et du prophète. Vous vous doutez bien à-peu-près des réponses qu'il reçut. Nous nous montrâmes les zélés protecteurs des tribus si méchamment tyrannisées. C'est tout au plus s'il ne dut pas croire que ce fût à l'unique intention de les délivrer que nous avions passé la mer. Et quant à la loi et au prophète, si Mahomet nous eût entendus, il aurait eu mauvaise grâce à ne pas se montrer satisfait. Aussi notre marabout supposé le fut-il complètement. Tellement qu'il demanda dès le lendemain à retourner parmi les siens, pour leur répéter ce qu'il venait d'apprendre. Affectant de l'assurance en faisant cette demande, il laissait toutefois percer quelques craintes d'un refus. — Je ne suis pas votre prisonnier, se hâtait-il de dire ; je suis venu de mon plein gré au milieu de vous. Personne ne lui disait le contraire. On se disposa à le reconduire aux avant-postes. Alors, au moment du départ, en prenant congé du général en chef, il témoigna le desir d'emporter quelque chose qui nous eût appartenu, comme gage de souvenir. Disant cela, il montrait du geste un mouchoir de poche.

Cependant, comme, parmi les foulards de campagne qu'on avait là, on n'en trouva pas un qu'on jugeât digne de la circonstance, on lui présenta, pour y suppléer, quelques pièces d'or parmi lesquelles on le pria de choisir. Cette fois pas plus que la veille, le vieillard ne se méprit sur l'intention qui lui fit offrir de l'argent. Il prit une pièce sans la regarder, au hasard, la porta à son front, sur son cœur, puis la serra dans son mouchoir. Néanmoins, malgré tous ces témoignages d'amitié, arrivé aux avant-postes de la première brigade, lorsqu'il ne vit plus personne entre lui et les vastes plaines où pendant tant d'années il avait erré en liberté, il laissa éclater sa joie, comme s'il n'avait cessé, jusqu'au dernier moment, de conserver des doutes sur la sincérité de nos intentions : ses yeux étincelèrent, sa figure s'épanouit; il appuya ses deux mains sur les épaules de l'un de ceux qui le conduisaient, le regarda quelques instans avec des yeux humides d'attendrissement qui semblaient dire : Vous ne m'avez donc pas trompé? Puis il s'éloigna à grands pas. Nous apprîmes peu de jours après que les Turcs, instruits de sa démarche, lui avaient fait trancher la tête. Il vécut assez, toutefois, pour nous donner une preuve de ses bonnes dispositions à notre égard.

Dans la soirée même du jour où il nous avait quittés, trois jeunes Arabes, s'annonçant comme venant de sa part, se présentèrent aux avant-postes de la division. Ils venaient nous donner avis d'une attaque générale que les Turcs préparaient pour le lendemain. Cet avis fut confirmé peu de temps après par un nègre déguisé en femme, que nous envoyâmes au quartier-général. Cela ne nous étonna pas beaucoup, car nous avions remarqué toute la journée beaucoup de mouvement du côté des Turcs : ils paraissaient remuer de la terre comme s'ils eussent élevé un épaulement. Nous en fîmes autant : nous couronnâmes pendant la nuit, de quelques petits retranchemens, les sommités des collines que nous occupions; une partie des troupes y travaillait même encore, et nous n'avions rien vu, rien entendu, tant l'ennemi s'était glissé adroitement et silencieusement à travers les broussailles, lorsqu'à trois heures du matin le feu commençant, il fallut quitter la pelle et la pioche pour le fusil, et prendre chacun son rang.

La campagne qui nous faisait face, inondée d'un épais brouillard, étincela tout-à-coup d'une multitude de points lumineux; de longs serpenteaux de feu s'y agitèrent en tous sens; et plus loin, de l'emplacement des batteries, jaillirent à des intervalles réguliers de larges jets d'une flamme terne et rougeâtre.

Le janissaire aga, qui commandait les Turcs, s'était proposé d'écraser les trois régimens qui formaient notre gauche; et de nous séparer du rivage et de nos ressources en se jetant sur nos derrières.

La plus grande partie de la milice turque, soutenue par le canon de Staoueli, était chargée de cette attaque, et pendant qu'elle se ferait, le reste de cette milice, à la tête des Bédouins, devait nous attaquer sur toute l'étendue de notre front.

Pour exécuter ce plan, d'ailleurs fort bien conçu, les Turcs se précipitèrent sur nous avec une admirable bravoure. En un instant, la première ligne de nos postes fut repoussée, les petits retranchemens qui les couvraient enlevés.

A l'extrême gauche, un bataillon du 28° en première ligne, après avoir perdu en quelques minutes le tiers de son monde, puis épuisé ses munitions, se vit forcé de se replier sur le bataillon de seconde ligne. Celui-ci était aussi sans munition. Le régiment entier se trouva alors exposé à un feu meurtrier auquel il ne pouvait répondre, ne pouvant non plus aborder à la baïonnette un ennemi qui ne tenait nulle part. Sa position était au moment de devenir assez critique, peut-être même y avait-il quelques inquiétudes à concevoir sur ce point, lorsqu'un régiment de la 3° division formant la réserve se porta en avant; de nouvelles cartouches furent distribuées et le combat se rétablit dès-lors avec égalité. Il en était de même sur le reste de la ligne, où le feu se maintint de part et d'autre avec la même vivacité plusieurs heures de suite.

Pendant ce temps, la plaine et les collines qui se trouvaient en face de nous se dégagèrent peu-à-peu du voile de vapeurs qui les avaient cachées depuis le matin. Elles étaient couvertes de Turcs et d'Arabes. En réalité trois fois plus nombreux que nos deux premières divisions les seules engagées, mais multipliés en quelque sorte par la rapidité de leurs mouvemens, par leur manière de combattre qui les disséminait sur un terrein immense, ils paraissaient l'être dix fois davantage. Nous semblions comme perdus au milieu de leur multitude. C'était pourtant dans nos rangs resserrés qu'était la vraie force, la force qui remue le monde, car c'était là qu'était l'intelligence. Aussi, tandis que leur tumultueuse impétuosité s'épuisait en mouvemens confus et désordonnés, en vaines clameurs qui se perdaient dans les airs, nous au contraire, si nous faisions quelques pas, c'était pour gagner du terrein, pour nous assurer un avantage; si du milieu de nous s'élevaient quelques rares et brèves paroles, c'étaient de ces formules abrégées de la civilisation militaire, *halte, front, feu, chargez, à droite alignement;* paroles grosses d'action, et qui ne manquaient jamais d'aller porter parmi eux d'inévitables ravages.

En cinq jours de campagne nos soldats avaient appris le genre de guerre qu'ils faisaient. Ils appréciaient avec assez d'exactitude le degré de hardiesse qu'ils pouvaient se permettre avec l'ennemi. A peine eurent-ils repoussé la première attaque qu'ils ne cessèrent de gagner du terrein. Il nous fallut soutenir nos tirailleurs par des compagnies, et ces compagnies par des bataillons qui à leur tour se laissaient entraîner. De la sorte, nos divisions entières furent en mouvement, et au bout de six heures d'un combat opiniâtre, bien que nous n'eussions fait aucune manœuvre un peu hardie pour prendre l'offensive, nous nous trouvâmes avoir franchi un rideau de montagnes situé entre nous et le camp des Turcs, et tout-à-fait maîtres du champ de bataille.

En face de nous était une vaste plaine aboutissant à une pente rapide couronnée à son sommet par de l'artillerie qui défendait le camp de Staoueli. On ne pouvait songer à faire rétrograder les troupes venues là, sans abattre leur ardeur, sans relever celle de l'ennemi. Le général en chef le sentit aussitôt qu'il vit l'état des choses. Dans une sorte de conseil de guerre qui se tint au sommet d'une colline où il se plaça pour juger de la position que nous avions prise, où il demeura pour suivre nos mouvemens, il fut décidé qu'on poursuivrait le succès de la journée. Nous ne nous ébranlâmes pourtant pas sur-le-champ, ce ne fut même qu'environ deux heures après que nous commençâmes notre mouvement. Jusqu'à ce moment, porteur de divers ordres, j'eus occasion d'aller plusieurs fois du lieu où nous nous trouvions à celui que nous avions quitté, de parcourir en plusieurs sens le terrain où l'on avait combattu.

A l'extrême gauche il présentait un spectacle hideux. Un assez grand nombre de nos morts, et ce qui était horrible à penser, sans doute aussi de nos blessés s'étaient trouvés quelques instans au pouvoir de l'ennemi. Ils étaient odieusement mutilés. Tête, pieds et mains coupés, le ventre ouvert, ils nageaient dans le sang au milieu de leurs entrailles dispersées. Au dire des soldats, on avait vu des femmes, dont un grand nombre suivent toujours les tribus, s'acharner sur cette proie. L'une d'elles avait été tuée sur un cadavre, dont elle tenait encore le cœur à la main. Une autre, blessée d'un coup de feu pendant qu'elle s'enfuyait, et ne pouvant aller plus loin, écrasa avec une pierre la tête d'un enfant qu'elle portait, afin qu'il ne tombât pas vivant entre nos mains. Les soldats, exaspérés de tant de barbarie, l'achevèrent elle-même à coups de baïonnettes. Sur le reste de la ligne les cadavres des Turcs étaient disséminés dans le même désordre qu'ils s'étaient battus. Parmi eux je remarquai un groupe de cinq Turcs, tombés tout près les uns des autres, comme si de leur vivant ils se fussent liés par quelque serment de vaincre ou mourir ensemble. Ils étaient venus se faire tuer presque au milieu de nos rangs. Deux d'entre eux attirèrent surtout mon attention. L'un était un jeune homme de dix-huit à vingt ans, d'une figure admirablement belle, douce, mélancolique, résignée. Un cordon de soie noire était passé autour de son cou. Un peu préoccupé d'idées européennes, je voulus voir si à ce cordon ne tiendrait pas par hasard quelque portrait de femme : j'entr'ouvris sa veste ; mais, au lieu d'un portrait, je trouvai une sorte de sachet, contenant un parchemin où le nom de Dieu, avec la multitude d'attributs que lui adjoignent les mahométans, se trouvait écrit dans tous les sens, de manière à former les dessins les plus bizarres. C'était un talisman, une amulette. Mon beau jeune homme s'était, à ce qu'il paraît, laissé voler son argent par quelque marabout : la balle qui s'était enfoncée dans sa poitrine, comme pour le lui mieux prouver, avait légèrement écorné l'enveloppe de son petit sachet. L'autre, tombé à la tête de cinq soldats, paraissait leur avoir commandé. C'était un vieillard à barbe blanche, à large poitrine, à membres vigoureux ; les traits énergiques, carrés, fortement caractérisés. Il avait été blessé à la hanche, au bras, à la cuisse. Ce n'était pourtant aucune de ces blessures qui lui avait donné la mort ; mais, lorsque le vieillard, affaibli par la perte de son sang, avait senti son fusil et son yatagan près de lui échapper, ses forces défaillir, rassemblant ce qui lui en restait, il s'était enfoncé son poignard dans le sein. Le coup avait été porté d'une main si ferme, qu'on voyait que la vie avait dû s'arrêter à l'instant ; mais ses yeux, à demi ouverts, et sa bouche contractée étaient encore tout vivaces de haine et de colère. Ailleurs aussi, partout, les cadavres des Turcs étaient au premier rang, plus nombreux là où le danger avait dû être le plus grand. J'aimais à les voir fidèles à ces postes d'honneur où, d'après leur manière de combattre, c'était bien d'eux-mêmes qu'ils s'étaient portés, où ce n'étaient pas les liens de la discipline qui les avaient enchaînés. Il me semblait que, mourant ainsi au milieu, à la tête de ceux qui avaient été leurs sujets, leurs esclaves, ils avaient noblement légitimé leur domination passée, presque leur odieuse tyrannie. Parfois aussi je me prenais à penser que tout n'est peut-être pas fini dans le monde de l'histoire pour une race qui sait se faire tuer ainsi. Ces gens-là, à l'heure qu'il est, en sont encore à reconnaître un dieu dans le ciel, un maître sur la terre. En eux et en eux seuls, aujourd'hui, se trouvent encore ces nobles facultés de la croyance et du dévoûment, au moyen desquelles une multitude fait faisceau et devient un levier dans la main d'un homme. Mettez cela à la portée d'un Timour ou d'un Bonaparte, puis dites-moi si notre Europe, toute vieille qu'elle est, ne pourrait pas encore être remuée de quelque étrange façon.

A midi, ai-je déjà dit, nous commençâmes notre mouvement. La première et la deuxième division marchèrent en bataille en ordre inverse, la seconde à droite. La première division avait en face d'elle l'artillerie ennemie, elle avait ordre de s'avancer jusqu'au pied de la hauteur que couronnait cette artillerie, et là, pour quelques instans à l'abri du boulet, de s'arrêter jusqu'à ce que la deuxième division, conversant sur elle, eût tourné ces batteries, dont, en manœuvrant de la sorte, elle n'avait rien à redouter.

Notre division franchit avec difficulté, toutefois sans grande perte, l'espace qui nous séparait du pied de la hauteur. Là nous fîmes halte, attendant l'exécution du mouvement de la deuxième division, sur lequel nous comptions. Ce mouvement, j'ignore pour quelle raison, ne s'exécuta pas, et cette seconde division qui aurait dû nous précéder, se trouvait au contraire en arrière de nous. Il en résultait que notre position allait devenir périlleuse, car nous ne pouvions être encore défilés long-temps de l'artillerie turque, dont nous étions fort rapprochés, tandis que le feu de la nôtre de bas en haut demeurait sans efficacité. Cela détermina le lieutenant-général à prendre un parti définitif, à attaquer de front les batteries, qu'il s'attendait à voir tourner. Nous nous remîmes donc en marche.

A mi-côte la charge battit. Il en était temps : les soldats, harassés par les cinq journées précédentes, où ils n'avaient presque jamais dormi deux heures, la plupart ayant travaillé toute la nuit, sous les armes depuis dix heures, après s'être battus pendant six, étaient haletans sous un ciel de trente-huit degrés. La fatigue et l'épuisement commençaient à en jeter par terre plus que le boulet. Mais, en entendant la charge, comme le cheval de race qui, au son de la trompette, dresse la tête et piaffe d'impatience, ils se ranimèrent, serrèrent les rangs, et nous recommençâmes à marcher en assez bon ordre. Les batteries furent emportées.

De ce point nous aperçûmes le camp de Staoueli. L'ennemi fit d'abord mine de le défendre, mais surpris de nous voir aussi rapidement maîtres de son artillerie, plus surpris encore de nous voir accompagnés de la nôtre, effrayé surtout des fusées à la congrève avec leurs longues traînées de feu et leurs étranges sifflemens, il ne résista que peu d'instans.

Turcs et Arabes se précipitèrent alors en foule sur la route d'Alger. On les vit couvrir tout-à-coup les sommets du Boujarech. Pas d'avant-garde, pas d'arrière-garde; aucun ordre, aucun chef, chacun pour soi. Foulant aux pieds cinq ou six mille morts ou blessés que la multitude de chevaux qui toujours suivent les tribus avaient permis d'amener, et qui, rendus là, furent jetés par terre pêle-mêle, ils se ruèrent pendant plusieurs heures au pied des murailles de la ville, bon nombre d'eux se faisant remarquer par des efforts désespérés pour arriver des premiers. Ceux-ci tenaient à la main des têtes de Français dont ils voulaient à toute force se faire payer; mais les portes n'en demeurèrent pas moins impitoyablement fermées pour tous. Celle de la Casauba s'entr'ouvrit, mais ce ne fut que pour un instant, et pour le seul janissaire-aga. Il fut introduit en présence du dey. Du plus loin qu'il l'aperçut, celui-ci, cachant sa colère sous les dehors d'une froide et amère ironie, lui demanda quelle nouvelle il venait lui donner de ces chrétiens qu'il s'était fait fort, qu'il s'était vanté souvent d'aller jeter à la mer; puis s'il était vrai que ce fût au contraire lui qui fût en fuite devant eux. — Eh! que vouliez-vous que je fisse? s'écria l'aga dans une réponse qui peint assez bien l'idée que ces peuples se font d'un combat; je me suis rué sur eux, ils n'ont pas bougé! Le dey s'emporta de nouveau; il l'appela chien, le traita de lâche; il finit par lui cracher au visage. Et ce qui n'étonnera que ceux qui ne connaîtraient pas le respect religieux qu'ont les Turcs pour l'autorité paternelle ou toute autorité qui la représente, l'aga, qui se trouvait gendre du dey, essuya ce traitement ignominieux avec une impassible soumission. Il salua et se retira.

Pendant ce temps, nous avions pris possession du camp de Staoueli; et le lieutenant-général avec son état-major s'établissait dans la tente même du malheureux aga.

Cette tente n'aurait probablement que le nom de commun avec toutes celles que vous avez dû voir jusqu'à présent. C'était tout un appartement qui, pour être sous toile, n'en était ni moins commode, ni moins riche, ni moins complet. Un des petits côtés, car sa forme était un carré long, pouvait être relevé sur un certain nombre de piquets peints et sculptés, et présentait alors un élégant péristyle, un portique à frêles et gracieuses colonnes; venait ensuite un vaste, un immense salon à fond de tenture rouge, sur laquelle ressortaient des rosaces, des festons, des ornemens de toute espèce, de couleur jaune et verte; dans le fond, une ouverture mystérieusement recouverte de triples draperies, donnait entrée dans l'appartement des femmes, et derrière celui-ci se trouvait le poste des eunuques. Là, sous le péristyle, à la fraîcheur du soir, délicieuse après la chaleur accablante de la journée, nous dévorâmes à belles dents la cuisse d'un mouton qui peu d'instans auparavant paissait encore l'herbe sur laquelle nous le mangions. Un bidon rempli d'un gros vin de distribution passait hiérarchiquement, et sans jamais chômer, des mains du lieutenant-général à celles du grenadier de faction : c'était la coupe du festin. Cette chère était frugale; mais, vous le savez, il n'est guère de mets que la fatigue et la faim ne rendent savoureux. Il y avait en outre quelque chose de piquant dans cette simplicité toute républicaine, en contraste avec le luxe d'un aga; mais ce qui l'était bien plus encore, ce qui en était pour nous un merveilleux assaisonnement, c'étaient les joyeux propos dont nous ne nous faisions pas faute, au sujet des scènes diverses dont ces lieux avaient été le théâtre dans le courant d'une même journée. C'était en effet dans cette tente que le matin l'aga, au milieu de ses femmes, avait pris son café et fumé son narguilet; c'était de là qu'entouré de ses gardes, de ses esclaves et de son cortège, il s'était élancé pour venir à nous à la tête de son armée; c'était de là que peu d'heures après il s'était enfui, ne trouvant plus parmi la multitude qu'il avait été si fier de commander, de rangs assez obscurs pour s'y dérober à la colère du dey; et c'était là enfin, qu'assis sur ses tapis, abrités sous sa tente, nous devisions joyeusement de sa mésaventure. Arrivés deux heures plus tôt, nous eussions pu nous accommoder de ses femmes.

Jusqu'à ce campement de Staoueli, le terrein que nous avions parcouru avait été constamment couvert d'épaisses et verdoyantes broussailles, ne ressemblant en rien à l'idée qu'on se fait d'ordinaire de l'Afrique et de ses sables. On eût dit qu'elle voulait se cacher de nous sous un masque d'emprunt. Mais parvenu à l'emplacement des batteries turques, je vis tout-à-coup se dérouler devant moi une vaste plaine partout étincelante, partout éblouissante d'une terre rougeâtre; çà et là, quelques palmiers aux troncs décharnés balançaient à une immense élévation leurs couronnes de sombres feuillages; grand nombre de chameaux erraient par bandes en toute liberté; des groupes de tentes étaient jetées, de côté et d'autre, dans la capricieuse fantaisie de l'Arabe, qui élève pour un seul jour sa cité nomade; deux petits bois de figuiers aux branches entrelacées, s'offraient comme deux ports d'ombre et de verdure au milieu d'une mer de sable; en même temps, aux dernières limites de l'horizon, enveloppé d'une robe de vapeurs, apparaissait l'Atlas aux sommets gigantesques, nous cachant le désert pour nous le révéler terrible, mystérieux, dévorateur; et alors je reconnus l'Afrique. C'était l'Afrique que j'avais rêvée, celle que depuis les salons de Paris jusque dans la baie de Palme j'avais appelée de tant de vœux impatiens; l'Afrique que j'étais venu voir, qui jusque-là avait manqué au rendez-vous, mais qui consentait enfin à se montrer dans sa beauté, aride, étrange, colossale.

La journée du 19 avait découragé les Turcs; pendant plusieurs jours nous ne les revîmes plus. Les Bédouins, au contraire, ne cessaient de se montrer autour du camp par bandes nombreuses. Ils ne manifestaient aucune disposition hostile. Néanmoins, malgré toutes les démonstrations amicales que nous leur faisions, nous ne pûmes entrer en relations avec eux : à notre approche ils s'enfuyaient à toutes jambes.

Nous croyions savoir que notre gauche s'appuyait à la route d'Alger; mais, comme il était important de nous en assurer, nous fîmes, le 23, une reconnaissance dans cette direction. Ce jour-là, les Bédouins, avec des Turcs à leur tête, avaient recommencé à tirailler précisément de ce côté. Le lendemain, ils reparurent au nombre de plusieurs milliers. On fit prendre les armes aux deux premières divisions. Nous marchâmes à eux sans autre projet, je suppose, que de nous en débarrasser. Puis, comme nous ne trouvâmes aucune résistance, le général en chef se décida à pousser en avant.

A peine eûmes-nous fait une couple de lieues et franchi un rideau de collines qui de ce côté bornaient la plaine, que le pays changea d'aspect. L'Afrique nous échappa encore une fois. Nous traversâmes un pays coupé de ravins, bouleversé d'une multitude de petits accidens de terrein rappelant tout-à-fait, par sa configuration, la Basse-Bretagne et le Bocage; comme ces deux provinces, couvert aussi de haies, de fossés, de clôtures de toutes espèces. L'ensemble de tout cela formait pour les Arabes un champ de bataille admirablement approprié à leur manière de combattre. C'était comme une multitude de postes retranchés dont il fallut les débusquer l'un après l'autre. Nous y réussîmes cependant, et la journée touchait à sa fin, lorsque, en avant de notre première brigade, nous sentîmes tout-à-coup la terre trembler légèrement sous nos pieds : une détonnation sourde et prolongée se fit entendre, et nous vîmes dans l'air une magnifique gerbe de flammes étinceler au milieu d'une épaisse fumée. C'était une mine, ou bien un magasin à poudre auquel les Turcs avaient mis le feu. Ils s'en étaient promis de terribles effets, à en juger par leurs cris de joie, par les sauts et les bonds que nous leur vîmes faire à la suite de l'explosion. Mais un hasard fort heureux ayant fait qu'à ce moment nous nous trouvions encore assez loin de l'endroit où elle se fit, il arriva qu'elle ne fut fatale à personne. Comme, néanmoins, même chose pouvait se renouveler, et avec de plus mauvaises chances pour nous, si nous eussions continué à nous porter en avant, M. de Bourmont se décida à s'arrêter où nous étions.

Nous prîmes position sur un plateau inégal, peu élevé, ayant en face de nous un autre plateau qui l'était beaucoup plus; entre eux se trouvait un ravin, étroit et profond, sillonné perpendiculairement à sa longueur par les lits de plusieurs torrens; des montagnes élevées auxquelles se liait par ses extrémités le grand plateau nous dominaient à droite et à gauche : à notre gauche se trouvait un petit bois d'arbres verts, au milieu desquels ressortait par son éclatante blancheur et son dôme élevé le tombeau d'un marabout : c'était un cimetière. Il était bon de remarquer aussi qu'à notre droite un pli de terrain, caché entre deux collines, communiquait avec le grand ravin, et que là il était facile aux Turcs de se rassembler en grand nombre sans que nous les vissions, et de tenter quelque entreprise. Tel était le nouvel échiquier où se trouva transportée notre partie.

Dès le lendemain, les Turcs amenèrent du canon de gros calibre sur le grand plateau qu'ils occupaient. Il en résulta que nous échangeâmes ensemble quelques boulets sur trois ou quatre points. Il se fit en même temps une assez vive fusillade sur toute notre ligne, entre nos tirailleurs et les leurs. Comme à notre première position, nous en fûmes, dans celle-ci, entourés, harcelés du matin au soir : nous ne pouvions faire un détachement qui leur échappât : ils voltigeaient, bourdonnaient, pour ainsi dire, autour de nous à la façon d'un essaim d'abeilles qu'on a troublé dans sa ruche. Mais ici aussi, ils bornèrent leurs entreprises à cette misérable tiraillade, sans but et sans résultats, au moins dans une aussi courte campagne. Un jour seulement, nous fûmes assez sérieusement attaqués sur notre droite. Ils étaient rassemblés au nombre de trois ou quatre mille sans que nous eussions pu nous en douter à cause des accidens de terrain qui nous les cachaient; le feu avait été moins nourri de ce côté que de coutume; on y était sans défiance; pour comble de fatalité, le bataillon de l'extrême droite était occupé à nettoyer ses armes : nous fûmes donc

3.

surpris. Les soldats n'ayant pour armes que des fusils démontés, ne purent que se sauver, chacun pour soi, abandonnant à l'ennemi un terrein assez considérable. Ce ne fut toutefois que pour peu de minutes. Nous le reprîmes bientôt à l'aide de deux ou trois compagnies d'élite soutenues par un bataillon. Le seul point où ils se battissent avec un véritable acharnement, était le petit bois dont j'ai parlé. Pour nous il était essentiel de l'occuper, parceque coupant la ligne de nos avant-postes, il aurait donné le moyen à ceux qui en auraient été maîtres de les prendre à revers : en même temps le tombeau du marabout en faisait pour de vrais croyans un lieu sacré qu'ils ne pouvaient se résoudre à livrer à nos profanations. Ce concours de circonstances fit qu'on ne cessa presque pas un instant de s'y battre. Je ne crois pas qu'il s'y trouvât un seul arbre qui, au bout de peu de jours, ne fût brisé, criblé de coups de feu. La terre en plusieurs endroits était toute détrempée de sang, et les pierres des tombeaux posés de champ, sur lesquelles les Arabes coupaient les têtes des cadavres qui leur tombaient entre les mains, demeurèrent pendant long-temps chargées de lambeaux de chair humaine.

Un jeune officier d'artillerie paya cher l'imprudence d'avoir voulu se rendre de cette position au camp de Staoueli, sans autre compagnon qu'un employé de l'administration de l'armée. Ils furent tout-à-coup enveloppés d'un parti d'Arabes. L'administrateur, se jetant dans un buisson, put échapper à ceux qui le poursuivaient, car, dans ce pays accidenté, il suffit du moindre déplacement de l'objet sur lequel on marche, du moindre détour qu'on fait soi-même pour que cet objet s'évanouisse comme une vision. L'officier moins heureux fut pris. Sans armes, il eut recours aux prières; il étendit ses bras en suppliant vers le chef. Il répéta plusieurs fois *Allah! Allah!* pour se mettre sous la protection de ce nom sacré; mais deux Bédouins ne s'en saisirent pas moins. Ils le mirent à la portée du chef, qui, lui appuyant la tête sur le pommeau de sa selle, la lui coupa lentement et froidement, calculant déjà sans doute ce qu'elle devait rapporter.

Notre division perdant ainsi du monde, peu à-la-fois, il est vrai, mais sur plusieurs points, mais à toute heure, mais, pour ainsi dire, à toute minute, commençait à s'affaiblir. Il n'est si petite blessure qui, saignant toujours, à la longue n'épuise son homme. Ce fut donc avec plaisir que nous reçûmes, le 28, l'ordre déjà donné, puis ensuite contremandé, d'attaquer le lendemain.

La première et la troisième division par brigades en colonnes serrées devaient escalader le plateau en face d'elles, et la deuxième division demeurer, ou plutôt retourner au camp de Staoueli, pour venir s'intercaler entre elles deux pendant l'exécution de cette manœuvre.

Long-temps avant le jour, nous nous mîmes en mouvement, marchant lentement à cause de l'obscurité. Le bruit sourd de nos pas, le commandement à voix basse, et dans le lointain les aboiemens des chakals et des chiens sauvages, étaient les seuls bruits qui se fissent entendre. Le vallon fut bientôt franchi. Nos colonnes s'allongèrent en replis sinueux sur les flancs de la montagne; aux lignes sombres et tortueuses qu'elles traçaient dans les broussailles, aux éclairs que lançaient les baïonnettes et les canons de fusils, à mesure que les premiers rangs, se dégageant des brouillards de la vallée, venaient à se rencontrer avec les rayons du soleil levant, vous eussiez dit de chacune un immense serpent dont les yeux auraient étincelé au moment de saisir sa proie. Le sommet de la montagne s'illumina tout entier peu de minutes avant que nous l'eussions atteint ; mais, en ce moment même où les objets qui s'y trouvaient pouvaient être d'autant plus facilement aperçus, qu'ils étaient seuls éclairés, nous ne vîmes ni Turcs ni Bédouins.

La troisième division (général d'Escars), à l'exception d'un engagement de tirailleurs, ne rencontra pas davantage d'obstacles. La deuxième division (général Loverdo), au lieu de s'intercaler entre notre division et la troisième, s'était jetée sur sa droite, tournant par un immense circuit le terrain que nous avions escaladé : elle aurait donc rencontré moins de difficultés encore, si cela eût été possible; car c'était par notre gauche qu'il y avait chance d'aborder l'ennemi.

Ce facile dénoûment commença par nous étonner beaucoup; mais nous ne tardâmes pas à en avoir le mot. A Sidi-Kalef, nom que les Turcs donnaient à la position que nous venions de quitter, nous n'étions pas précisément où nous croyions être. Nous imaginions avoir Alger en face de nous, séparé seulement de nous par le rideau de montagnes qui se trouvait franchi: il n'en était pas ainsi : c'était à notre gauche qu'il se trouvait. Nous ne pûmes plus en douter, lorsque, ayant gravi les montagnes, nous nous rencontrâmes avec la mer, non avec la ville, qui était dépassée. Nous marchâmes alors dans la direction où nous la supposions, jusqu'à ce qu'arrivés aux sommets du Bonjareah, qui la domine, nous la vîmes tout-à-coup à nos pieds. Au même moment se montrait à l'horizon, comme une sorte d'apparition de la France, notre escadre, qui accourait combiner ses manœuvres avec les nôtres. Les Turcs campaient sous les murailles mêmes de la ville. C'était seulement après le lever du soleil qu'ils venaient se mettre en position et nous faire face. Se voyant prévenus, ils remirent avec leur apathie ordinaire à un autre jour à se défendre, et nous laissèrent achever, sans s'y opposer, l'investissement de la place.

La première division en fut chargée à l'ouest de la ville, la troisième à l'est, et le siège du château de l'Empereur échut à la seconde.

En peu de jours, une route large, unie, praticable aux voitures, côtoyant les précipices, tournant les rochers, serpentant sur les flancs des montagnes, alla de Sidi-Feruch à la queue de nos tranchées. Le génie, l'artillerie purent alors disposer de tous leurs moyens matériels, et les travaux du siège furent poussés avec activité.

Les Turcs s'y opposèrent bien par quelques sorties; mais c'était, comme on dit, pour l'acquit de leur conscience. Au fond, par suite d'un préjugé bizarre, existant parmi eux au sujet de Sultan-Calaci, ils n'en éprouvaient nul souci. Ils croyaient, c'est-à-dire le peuple, les soldats, que nous ne pourrions attaquer leur château de l'Empereur qu'au moyen d'un autre château, qui lui serait tout semblable de forme et de dimension; que ce serait seulement entre ce sosie de Sultan-Calaci et Sultan-Calaci lui-même, qu'un combat sérieux pourrait s'engager. C'était sans doute revêtir de formes singulièrement naïves et enfantines cette idée que toute lutte suppose une sorte d'égalité de forces entre les combattans; mais ils n'en étaient pas moins pleins de cette opinion. Ils espéraient en outre que la faim et la maladie leur feraient raison de nous avant la fin des travaux qu'ils supposaient nécessaires à notre entreprise, conçue de cette façon; car la saison s'avançait, et bientôt la mer n'allait plus être tenable. Par toutes ces raisons, nos cheminemens, qui s'élevaient à peine au-dessus du sol, ne les inquiétaient guère : c'était même avec une sorte de mépris qu'ils nous voyaient n'avancer qu'en zig-zag, toujours soigneusement couverts comme si nous n'eussions osé marcher droit à eux, à la face du ciel. Ils en étaient presque à dédaigner de tirer sur ce qui leur semblait de misérables mottes de terre retournée. La plupart de leurs coups étaient réservés aux brillans uniformes, aux plumets blancs qui se montraient à la queue des tranchées.

Le jour où nous démasquâmes nos batteries, ils accoururent en grand nombre sur les terrasses de la Casauba. De notre côté, nous ne mîmes pas moins d'empressement à garnir les pentes des montagnes voisines. Le feu commença. Nous vîmes Sultan-Calaci et son réduit tonner par deux étages de batteries : c'étaient des salves entières se succédant sans interruption. De nos batteries au contraire, il ne se tirait jamais qu'un coup à-la-fois. Un assez long silence succédait, et le coup suivant partait ordinairement d'une autre batterie. Nous semblions craindre de nous trop montrer à un même endroit. Il en fut ainsi pendant plusieurs heures, sans que rien eût pu révéler à des yeux inexpérimentés l'issue de la journée. Toutefois, dans la succession régulière de nos coups, dans la lenteur avec laquelle ils se succédaient, il y avait peut-être aussi quelque chose d'imposant, de mystérieux, de fatal, qui les annonçait, dirigés par une intelligence qui n'avait pas besoin de se presser, à qui le moment irrévocable était connu. Et en effet le feu des Turcs commençant à se ralentir d'abord insensiblement, puis d'une façon plus marquée, le nôtre augmenta de vivacité dans la même proportion. Le moment arriva où Sultan-Calaci se montra dépouillé du manteau de fumée, de la couronne et de la ceinture de feu dont il était entouré depuis le matin. Il était silencieux, aux abois; il tremblait, il s'ébranlait sous nos coups. Mais alors nos batteries d'enfilade, ayant des points de mire assurés, inondèrent d'une pluie d'obus ses parapets déserts; notre batterie de brèche, où l'on n'avait plus de temps à perdre, pour viser aux embrâsures, se mit à précipiter ses coups avec une sorte de furie, et la façade attaquée, se découpant rapidement sous le boulet, présenta bientôt plus de vide que de plein. Ce ne fut plus qu'une sorte de dentelle de pierres, menaçant à tout instant de se déchirer de bas en haut.

Les défenseurs du château se trouvèrent alors dans une position vraiment critique. Ils étaient entassés deux mille dans un terre-plein, calculé pour cinq à six cents hommes. Nos obus, au dire de l'un d'eux, arrivaient dans leurs rangs, comme si nous les avions mises avec la main. Ils en étaient réduits à se précipiter à l'envi sur celles qu'ils voyaient arriver, pour les rejeter à quelques pas, afin d'en éviter les éclats, faisant ainsi, par prudence, ce qui partout ailleurs eût été un acte d'intrépide sang-froid, presque de témérité. Le commandant de cette brave garnison, vieillard de soixante et quelques années, fut renversé trois fois.

Depuis long-temps, sur les remparts déserts il ne se montrait plus qu'un seul homme, un nègre, et à de rares intervalles. Approchant la tête d'une embrâsure, il semblait examiner l'état de la brèche. A sa dernière excursion, il enleva les drapeaux qui flottaient aux angles du château; puis presqu'au même instant, où nous le perdîmes de vue, nous vîmes le château tout entier disparaître au milieu d'une éruption de flammes et de fumée sortie de ses propres flancs. Ce fut un vaste tourbillon, une trombe effrayante du premier bond touchant aux nuages et montant encore : ce fut encore une sorte de fantôme gigantesque, couvrant un vaste terrain, sous les plis ondoyans de sa large robe. Cela dura quelques instans; puis l'apparition se dissipant enfin quelque peu à force de s'étendre, nous n'aperçûmes plus à la place qu'avait occupée Sultan-Calaci, qu'un amas de ruines et de débris.

Avant d'en venir à cette extrémité, et voulant se mettre en règle vis-à-vis Vauban, les Turcs auraient dû attendre sans doute que la brèche eût été pratiquable, et nous dessus. Le volcan eût été sous nos pieds, non plus devant nos yeux. Mais ces enfans de la fatalité s'étaient sentis condamnés par le destin, et ils s'étaient hâtés dès-lors d'accepter le décret. Il leur importait peu de s'en prendre à de passifs instrumens.

Au moment où le château s'élevait dans les airs, les restes de la garnison se présentaient aux portes de la Casauba, mais le dey nous croyant peut-être sur leurs traces, irrité de la chute de sa dernière forteresse, fit tirer sur eux. Mutilés et sanglans, ils s'écoulèrent le long des murs de la ville pour s'aller mettre sous le canon des forts du rivage. Pendant ce temps, notre brigade de tranchée s'établissait sur les ruines qu'ils venaient de quitter. De nouvelles tranchées s'ouvrirent, on se couvrit de ces décombres récens, et dès le soir même, on eût pu commencer à battre en brêche la Casauba, mais il n'en fut pas besoin. Un Turc que les sinuosités d'un chemin creux où il avait marché avaient dû nous cacher long-temps, apparut tout-à-coup un drapeau blanc à la main. On fut à lui; on l'interrogea. Son costume à-la-fois élégant et simple annonçait un personnage de distinction. Il s'exprimait en assez mauvais italien.—Je viens au nom des grands et de la milice d'Alger, dit-il, et je demande la paix. Il ne nommait plus le dey.

Après une courte conférence avec le général en chef, il rentra dans Alger, devant revenir deux heures après pour conclure une stipulation définitive. Ce délai n'était pas encore expiré que les cris tumultueux des soldats nous annoncèrent son arrivée. Cette fois, le consul d'Angleterre et un autre personnage important du gouvernement de la régence l'accompagnaient. Le général en chef et son état-major les attendaient dans une petite prairie à l'ombre de quelques arbres, et là, s'ouvrit une sorte de conférence au petit pied, un congrès à la face du soleil, où ce fut merveille de voir comment les questions les plus complexes furent promptement résolues. En moins d'un quart d'heure, il fut convenu que le dey avait cessé de régner; que les portes de la ville nous seraient ouvertes dès le lendemain; que les Turcs seraient embarqués pour le Levant dans un délai déterminé; que, de plus, les armes, les munitions, les propriétés publiques nous seraient fidèlement remises : et nous nous étions engagés, en revanche, à ne pas toucher aux propriétés particulières, à respecter les femmes, à tenir les mosquées pour sacrées.

Ainsi s'écroula tout à-la-fois, tout d'une pièce, cette régence d'Alger, état bizarre, assemblage monstrueux, informe de démocratie, de féodalité et de despotisme. Ces contrées qui ont changé si souvent de maîtres allaient en subir de nouveaux. Ces nombreuses tribus de Bédouins, que leurs mœurs patriarcales rendent, en quelque sorte, contemporaines des premiers âges du monde, que les siècles semblent avoir oubliées sur la terre, passaient sous un autre joug. Pour la première fois, la civilisation moderne se montrait avec quelque puissance dans ces lieux où avait brillé avec tant d'éclat la civilisation romaine : avec le fer de la conquête nous l'implantions, nous la greffions sur ce rivage. Sur ce rivage, nous verrions peut-être un jour le faible rameau colonisateur que nous allions y laisser, se montrer un jour semblable à l'arbre antique dont nous l'avions détaché, et devenir comme une autre France sur le sol africain. Toute cette grande création se trouvait en germe, en effet, dans le peu de paroles qu'on venait d'échanger rapidement; dans les trois ou quatre lignes qu'un officier, couvert de sueur et de poussière, venait d'écrire sur la forme de son chapeau. En pensant à cela, j'en éprouvais je ne sais quel étrange plaisir, quel bizarre étonnement. Il me semblait voir tout un chêne sous la frêle écorce de son gland; des siècles d'avenir, venant se mettre à l'étroit dans quelques rapides minutes.

Les envoyés turcs n'avaient pas tardé à témoigner le desir de se retirer.—Quand il est question de paix, avait dit l'un d'eux, il ne faut pas se présenter à la prière du soir qu'elle ne soit conclue. Au moment où ils prenaient congé, le général en chef laissant apercevoir quelque doute sur l'entière adhésion du dey promise en son nom :—Voulez-vous, répondit l'un d'eux, le regardant fixement, mais d'une voix douce et calme, qu'à mon retour je tienne le traité d'une main et sa tête de l'autre?— A Dieu ne plaise, s'écria M. de Bourmont quelque peu troublé de la proposition; à Dieu ne plaise que je veuille la mort de quelqu'un hors du champ de bataille!—A ces paroles, le Turc, dont la figure était demeurée impassible pendant que lui-même avait parlé, laissa percer à son tour quelques marques d'étonnement. C'était pour lui la chose du monde la plus naturelle qu'il avait dite. Le doute exprimé par M. de Bourmont n'avait d'ailleurs aucun fondement. Le dey avait survécu à sa puissance. Pour employer une expression turque, il en était là, qu'il ne lui aurait pas été possible de faire tomber une seule tête.

Le lendemain, après avoir demandé de nouveaux délais qui furent refusés, il dut se résigner. Il se retira dans la maison qu'il habitait avant son élévation, et les portes de son palais s'ouvrirent au vainqueur.

De tous les deys précipités du trône, c'est-à-dire, à deux ou trois près, tous ceux qui régnèrent, il fut je crois le premier qui survécut à sa chute. Sous le beau ciel de l'Italie au milieu de ses femmes, de ses serviteurs, il peut achever en paix le peu de jours qui lui sont comptés. Il n'a plus à craindre de se laisser prendre à ce trébuchet, toujours ensanglanté, que la capricieuse tyrannie des janissaires a tendu long-temps au-devant de ses pas; où, suivant toute probabilité, il devait laisser sa tête. Cette exception que le sort à faite en sa faveur, sous beaucoup de rapports, Hussein la méritait. Ce qu'il avait de mauvais lui était commun avec la soldatesque dont il était le chef et le représentant; ce qu'il eut de bon, était bien à lui, lui appartenait bien en propre. Au témoignage unanime des consuls européens, il usa avec une modération extrême, jusque-là inconnue, du pouvoir immense autant qu'éphémère dont il fut quelques années dépositaire. Le droit, la justice, l'équité, n'étaient point choses qui lui fussent inconnues, ou dont il se jouât les connaissant. Ils les aimait et les pratiquait: seulement, et il le fallait bien, c'est tels qu'il les concevait, qu'il les aimait et les pratiquait, c'est-à-dire, tels que les pouvait concevoir un soldat aventurier, un pirate, un dey d'Alger. Ce fut même ce qui amena sa chute. Trouvant ses prétentions légitimes, et elles l'étaient en elles-mêmes, dans les réclamations qu'il éleva au sujet des trois ou quatre millions de l'affaire Bacri, il ne parvint jamais à comprendre que ce fût devant les tribunaux français qu'il s'agissait de les faire valoir. Tout avis de s'adresser à eux que lui fit donner notre gouvernement, il le considéra toujours comme un déni de justice. — Si le roi de France, lui arrivait-il parfois de répéter au moment de la rupture, était créancier d'un de mes sujets, le roi de France serait payé, ou la tête du débiteur tomberait dans les vingt-quatre heures. — De là son refus constant de tout moyen conciliatoire, de là son irritation, de là le fameux coup d'éventail dont il brisa son trône fragile.

A l'heure de l'adversité où l'on a vu fléchir tant de nobles courages, il montra de la grandeur d'âme, de la dignité véritable. En présence de M. de Bourmont dont son sort dépendait encore, bien qu'il se trouvât là sous de vraies fourches Caudines, il ne courba pas trop bas la tête. Il semblait croire qu'il lui suffisait d'être à la merci de la France pour n'avoir plus rien à en redouter. Les évaluations qu'on lui demanda sur une partie de sa fortune, qui se trouvait entre nos mains, et qu'il s'agissait de lui restituer, au premier abord parurent modérées; vérifiées plus tard, elles furent trouvées exactes. Il donna des renseignemens étendus, détaillés, sur l'administration de la régence, sur les beys avec qui nous allions entrer en relation, et, après une conférence de trois quarts d'heure, termina par ces mots, que vous serez, peut-être, quelque peu étonné de trouver dans sa bouche : — Sur tout ce que j'ai dit l'on peut m'en croire, car moi aussi j'ai régné, et l'on sait que la parole des souverains doit être sacrée. — Bien entendu d'ailleurs que je ne vous donne pas cela comme paroles d'évangile.

Ce dut être un moment d'enivrement pour M. de Bourmont

que celui, où, dans toute la pompe de la victoire, il reçut Hussein, se présentant en suppliant dans le palais qu'il avait quitté la veille. Mais ce jour-là, presque à la même heure, à Sidi-Feruch, une demi-compagnie de grenadiers, les armes renversées, escortait un cercueil vers l'enclos devenu depuis peu notre cimetière. Derrière venaient en assez grand nombre des officiers de tout grade, dont plusieurs laissaient lire sur leur visage une sorte d'amer désappointement, de douloureux mécompte; peut-être n'en aurait-il pas fallu davantage à l'observateur pour apprendre que celui qu'on conduisait à sa dernière demeure, victime de quelque caprice du sort, avait été dérobé à de nobles, à de légitimes espérances, était tombé sur le seuil d'une destinée brillante. Le convoi arrivé à son but, le cercueil descendu dans la fosse, et les deux grenadiers qui l'avaient creusée se préparant à la combler, un officier détachant sa propre croix de Saint-Louis, l'y jeta. Chacun l'en remercia d'un regard;— cette croix allait bien à ce cercueil, mieux qu'à bien des habits. Celui dont il renfermait une partie de la dépouille mortelle l'avait, lui, payée de son sang. La fosse comblée, le colonel *** tira son épée, et l'en salua.— : Adieu donc, dit-il, cher et brave Amédée, et les assistans se dispersèrent. C'étaient les funérailles d'Amédée de Bourmont (1).

Peu d'heures après, dans une sorte de salon précédant l'appartement où lui-même se trouvait, le général en chef entendit un bruit dont il ne put discerner la nature. Il s'en informa d'un aide-de-camp qui, au même instant entrait chez lui. — C'est un jeune officier qui vient d'apprendre la mort de son frère, et qui pleure.— Pauvre jeune homme, je le plains. — Et vous, général, que pensez-vous des dernières nouvelles d'Amédée?— Mais

---

(1) Le corps fut embaumé, mais on enterra les entrailles, les parties corruptibles.

elles sont bonnes; bientôt, je l'espère, il sera avec nous. — Moi, je ne l'espère pas. — Auriez-vous donc d'autres nouvelles? — Oui. — Mauvaises? — Oui. — Est-ce que .... Il ne put achever ; la vérité se montrait tout entière sur le visage de celui qu'il interrogeait. Il se laissa retomber sur le divan d'où il venait de se soulever. C'étaient les sanglots mal étouffés de l'un de ses fils qu'il avait entendus. Peu de jours après, celui qui avait été auprès de lui le messager de cette triste nouvelle, et qui tenait à lui par des liens de reconnaissance et d'affection qui en faisaient aussi un fils, fut à son tour frappé mortellement. Mais ce dernier événement dut, ce me semble, trouver M. de Bourmont préparé; dans le malheur qui vint ainsi le frapper tellement à l'improviste, dans ce deuil de cœur qui vint former un odieux contraste avec l'éclat extérieur de sa situation d'alors, il y avait une sorte d'ironie de la destinée qui dut le faire entrer en défiance de l'avenir. Lorsque, bientôt après, l'exil, la pauvreté, la proscription vinrent s'asseoir à ses foyers, j'imagine qu'il les reçut comme des hôtes attendus.

Deux jours après cette triste nouvelle, M. de Bourmont fut visiter Hussein. Celui-ci sentit que, tout froissé qu'il pouvait être de sa propre chute, tout penché qu'il se trouvait sur le bord d'un abîme d'incertitude, et peut-être de misère, c'était pourtant lui qui, dans cette occasion, avait à se montrer généreux. Il adressa des paroles de consolation à celui qui habitait son palais et s'asseyait sur son trône. Il parla de fatalité et de sort irrévocable; il balbutia des mots de résignation; mais, pendant qu'il parlait de la sorte, il se souvint sans doute qu'il était père aussi : on vit, dit-on, une larme rouler dans ses yeux. Un même sentiment avait uni pour un instant deux hommes que tout faisait ennemis, dont l'un montait si haut alors sur la ruine de l'autre.

Nous procédions encore au désarmement des janissaires, lorsque Hussein se présenta aux portes de la Casauba. Il fallut même se hâter pour lui éviter ce spectacle qu'il n'eût pas été généreux de lui laisser voir. Lorsqu'il sortit, peu s'en fallut qu'il ne se rencontrât avec le bey de Tittery qui venait recevoir une nouvelle investiture de son Beylick au nom du roi de France. Le bey attendait déjà depuis quelque temps; mais enfin il n'en arriva pas moins qu'entre le moment où le pouvoir qui s'écroulait eut achevé de déposer ses armes, et celui où fut rendu le premier hommage au pouvoir qui s'installait à sa place, il s'écoula bien une demi-heure. Le fait vous paraîtra peu croyable, je ne l'ignore pas, mais le devoir de l'historien est de dire la vérité, fût-ce aux dépens de la vraisemblance.

La population de la ville avait de même accepté notre domination sans répugnance, au moins sans résistance. Le jour même où, descendant de nos montagnes, nous nous approchâmes de la ville pour nous emparer de ses portes, et nous établir dans ses faubourgs, nous nous trouvâmes mêlés à ses habitans. Ils ne nous montrèrent ni crainte, ni défiance. Maures et Kolouglis, et surtout Juifs, alléchés dès ce premier instant par l'appât du gain, se pressèrent à l'envi autour de nous. Nos vêtemens, nos armes, nos manœuvres étaient pour eux d'intarissables sujets de curiosité; mais ce qui l'était plus encore était la façon dont nous usions de la victoire : ne point menacer, ne battre personne, payer, au décuple de leur valeur, les fruits, le tabac ou les pipes que nous leur prenions, c'étaient choses qu'ils semblaient ne pas croire, bien qu'ils les vissent de leurs propres yeux. Je me rappelle que, m'étant arrangé de quelques fruits, je ne parvins pas sur-le-champ à faire concevoir au jeune Maure à qui je les prenais, que j'avais aussi quelque chose à lui donner en retour. Ils ne tardèrent pas néanmoins à se faire à ce procédé, bien qu'il fût nouveau, et comme ils avaient autant d'envie de vendre que nous d'acheter, il s'établit entre nous de nombreuses relations, d'où il sortit, au bout de quelques heures, toute une langue formée de provençal, d'italien, d'espagnol et de français, où les gestes, à la vérité, tenaient assez bonne place, et que les soldats assis sur les devantures des boutiques de barbier, et prenant du café à la turque, jargonnaient intrépidement. Chacun d'eux était devenu le centre d'un groupe de Maures et de Juifs, qui l'écoutaient bouches béantes. Mais les Turcs se tenaient à l'écart. A leur place ordinaire, et la pipe à la bouche, ils échangeaient entre eux quelques rares paroles dont les évènemens récens ne semblaient pas toujours le sujet. Aventuriers, ne possédant rien au monde que la solde qu'ils perdaient; hier, les maîtres, les souverains de ce pays dont nous les chassions aujourd'hui; hier, ayant droit de vie et de mort sur ces Juifs, qui maintenant les regardaient avec insolence, se hasardaient presque à les coudoyer, ils paraissaient également insensibles aux regrets du passé, aux craintes de l'avenir, aux vexations du moment : sur les ruines du monde, ils en auraient remontré au sage d'Horace. Au fait, ils n'en étaient pas moins assurés de se reposer un jour sous des arbres toujours verts, dans les bras de houris toujours belles, avec des forces éternellement renaissantes. Qu'était-ce donc qu'un misérable royaume de la terre pour ceux à qui la foi livrait un semblable paradis?

L'exemple du bey de Tittery n'avait point été suivi par les tribus arabes avec grand empressement. Leur soumission à notre autorité se faisait attendre. Il passait pour constant néanmoins que leurs dispositions nous étaient favorables, lorsque arriva un évènement qui les changea complètement. Dans une reconnaissance sur l'Aracht, rivière célèbre dans l'histoire d'Alger, le général en chef se décida à entreprendre une expédition sur Belida. Cette ville, autrefois riche et manufacturière, renversée depuis quelques années par un tremblement de terre et maintenant pauvre et ruinée, est située au pied de l'Atlas, dans

4

une position d'où l'on voit les sommets des diverses chaînes de montagnes s'élever graduellement les uns au-dessus des autres, et former un immense amphithéâtre dont les extrémités échappent à l'œil et dont le faîte se perd dans les nuages. Quel était le but de cette expédition? Était-ce de jouir de ce spectacle ou bien d'aller effrayer de notre présence des tribus éloignées qui peut-être ne nous avaient pas rencontrés sur le champ de bataille? je l'ignore. Mais, soit que le général en chef n'eût pas été informé avec exactitude des véritables dispositions des Arabes à notre égard, soit que ces dispositions eussent changé, ou bien que les Cabaïles, tribus montagnardes, essentiellement cupides et féroces, aient cru trouver là, en raison du peu de forces qu'ils voyaient, une occasion assurée de butin, au moment où le détachement se remettait en route pour le retour, et qu'en toute sécurité il prenait à peine les précautions militaires d'usage, il fut tout-à-coup attaqué. Cette attaque se renouvela ou se prolongea pendant les seize heures de chemin de Belida à Alger. On marchait environné, aiguillonné, piqué par des essaims d'Arabes, qui allaient grossissant sans cesse. La discipline européenne, du canon, un escadron de cavalerie qui, en raison du désordre des assaillans, donnait le moyen d'en tuer bon nombre de temps à autre, tout cela nous assura, dans cette longue série d'escarmouches, une incontestable supériorité. Si les Arabes nous tuèrent quelques hommes, ils en perdirent vingt fois davantage. Mais n'est-il pas arrivé à certain général de faire à son profit, d'une bataille demeurée indécise sur le terrein, une victoire éclatante, au moyen d'un *Te Deum*, qu'il eut l'idée de faire chanter? Quelque chose de semblable se passa à cette occasion. Bien que nous n'eussions été attaqués qu'au moment du départ, qu'en conséquence le départ ne fût pas déterminé par l'attaque, que nous fissions des haltes fréquentes, que la direction de notre marche ne déviât pas d'un pouce de ce qu'elle devait être, les Arabes n'en virent pas moins dans cette journée un grand succès, un immense avantage pour eux; or, par cela même qu'ils le crurent, elle le devint en quelque sorte. Elle en eut du moins toutes les conséquences immédiates. Le prestige dont jusque-là nous étions entourés se trouva détruit. Eux, habitués à fuir devant nous, à leur tour ils croyaient nous avoir vus en fuite. Nous avions cessé d'être pour eux les hommes du destin, de la fatalité.

Dans une grande assemblée au cap Matifoux, où les chefs de tribus se réunirent pour délibérer sur la conduite à tenir vis-à-vis de nous, à peine se trouva-t-il deux ou trois voix isolées, qui osèrent parler, non de soumission, mais d'alliance avec les chrétiens, et qui bientôt furent étouffées par les clameurs belliqueuses de l'immense majorité.—Peut-être, s'écriait-on de toutes parts, eût-il été sage de s'unir avec les Francs au moment de leur débarquement, et de les aider à vaincre les Turcs. Cette alliance alors eût pu être profitable aux tribus. Les Turcs chassés, il aurait pu arriver que les Francs se fussent montrés reconnaissans, et si cela n'avait pas été, si cette domination nouvelle avait dû être aussi rude que celle des Turcs, encore eût-elle mieux valu pour les Arabes; car les maladies, le climat, les tempêtes leur eussent laissé pendant long-temps encore l'espoir d'en être affranchis; mais, après la victoire de Belida, pendant que, resserrés dans l'enceinte même d'Alger, les Francs étaient peut-être sur le point de se rembarquer, n'était-ce pas folie que de se soumettre à eux, que seulement traiter avec eux? N'était-ce pas tendre bénévolement les mains aux fers, le cou au joug? Quelques-uns, tout entiers à leur animosité contre nous, allaient jusqu'à oublier leur haine des Turcs. Ils les regrettaient hautement. Les Turcs au moins étaient de vrais croyans; comme eux-mêmes, des enfans du prophète. Les Turcs respectaient les femmes; les Turcs ne volaient pas les propriétés; les Turcs ne

4.

profanaient pas les mosquées. De vagues rumeurs nous accusaient en effet sur tous ces points, et la disposition des esprits les faisait accueillir avec empressement. Aussi, malgré leur fausseté, malgré les assurances contraires que purent donner des ulémas, députés à l'assemblée par le général en chef, les scheiks ne se séparèrent qu'après avoir décidé à la presque unanimité la guerre aux Francs. Les avis les plus violens manquent rarement d'être goûtés par les assemblées délibérantes, surtout lorsqu'ils sont déraisonnables.

Mais autre chose de hurler la guerre avec de grandes acclamations, autre chose de la faire. Il n'existait alors chez les Arabes aucun motif qui pût les soutenir long-temps dans cette résolution. Ils n'étaient point accablés de ces charges pesantes qui font qu'un peuple veut réellement mourir ou s'en affranchir; ils n'étaient point profondément, sérieusement blessés dans leur croyance, car trop de récits et de témoins oculaires démentaient les bruits de nos prétendues profanations : ils ne pouvaient avoir contre nous de ces haines d'esclave contre le maître, d'opprimé contre l'oppresseur, couvées de longues années pour éclater un jour, violentes, implacables, exterminatrices : c'était seulement un peu de mensongère fumée de victoire, qui, à propos de Belida, leur avait monté à la tête. Avant d'en venir aux effets, l'effervescence qu'elle occasiona s'était déjà dissipée tout entière en vaines et bruyantes paroles. A peine parla-t-on quelques jours d'un rassemblement général des tribus, qui ne s'effectua jamais, d'une attaque qui n'eut point lieu, et nous demeurâmes les paisibles possesseurs de la ville d'Alger et du territoire de la régence.

Alors tout service, ayant à-peu-près cessé pour moi, je me mis à passer la plus grande partie de mon temps dans un café près du port, qui, avant les évènemens, était le rendez-vous habituel des janissaires. Ils y venaient encore en assez grand nombre. Là, nous échangions d'innombrables bouffées de tabac. Comme j'ignorais leur langue, et eux la nôtre, c'était à cela que se bornaient nos relations; mais je le regrettais vivement. J'aimais la noblesse, la dignité soutenue, la gravité de leurs manières; j'aimais l'opposition tranchée, et selon moi pleine de charme, de leur calme extérieur, de leur impassibilité apparente, avec la fougue, l'énergie connues de leurs passions. Lorsqu'on les voit demeurer de longues heures immobiles, comme devenus de marbre, si l'on se met à penser à leurs emportemens furieux, à leur mépris de la vie, à leurs amours indomptables auxquels suffisent à peine les voluptés effrénées de leurs harems, on se plaît à ce contraste comme à celui d'un volcan dont on entend bouillonner la lave, et mugir la flamme, à travers la glace et la neige qui les recouvrent.

Les Turcs n'étaient pas seuls d'ailleurs à m'attirer en ce lieu. Notre expédition avait amené à Alger bon nombre de gens à physionomie singulière, à existence excentrique; de ces gens dont la guerre, les voyages, l'aventureux de tout genre, sont le domaine, la patrie, presque toujours intéressans, amusans à écouter, à pratiquer : nos interprètes, par exemple. La plupart de ces derniers (toute classification laissant d'ailleurs large part aux exceptions) étaient de ces sortes de gens que je viens de désigner. Français ou Italiens, que des motifs divers presque toujours politiques avaient fait sortir de leurs pays, ce n'était pas, vous vous en doutez bien, sur les bancs du Collège de France qu'ils avaient appris ce qu'ils savaient de turc et d'arabe; c'était en courant le Levant en marchands aventureux, ou plus souvent encore en vrais soldats de fortune. Ils arrivaient de Constantinople, de Smyrne, d'Alexandrie, de Damas, de Jérusalem. Vous n'eussiez pu déterrer dans tout le Levant un coin de terre où l'un d'eux au moins n'eût été, un évènement où quelqu'un d'entre eux n'eût mis la main. Il s'en trouvait qui s'étaient battus pour Ali, pour Ibrahim ou pour les Grecs. Les mêmes avaient été tour-à-tour aux Grecs et aux Turcs, selon que la solde était meilleure ici ou là. Tous racontaient à plaisir des guerres, des naufrages, des caravanes à travers les déserts, des faveurs et des disgrâces de pacha, des aventures où se trouvaient jetés pêle-mêle des murailles escaladées et des intérieurs de harems, où brillaient confusément des lames de poignard et de beaux yeux de sultanes : que sais-je ? Tout cela ne laisserait pas que de m'embarrasser quelque peu, s'il me fallait en faire, comme on dit, la preuve légale; eux tout autant, je suppose. Mais cela n'en était pas moins amusant à écouter. Je mêlais tous ces récits les uns aux autres à mesure que je les entendais; je les confondais, je les enlaçais, je les nouais entre eux de mille façons, et je m'en faisais ainsi, tout en fumant ma longue pipe, comme un roman bizarre dont j'aurais feuilleté quelques pages, comme un drame fantastique qui se serait joué pour moi tout autour de la Méditerranée. —Que faire en un gîte, à moins que l'on ne songe?

Parmi les personnages de ce roman ou de ce drame, il en était trois avec qui je me trouvais le plus volontiers : un Grec de Constantinople, un chrétien de Syrie, un républicain français. L'histoire de chacun d'eux, réduite à des proportions scrupuleusement historiques, présentait encore de singuliers jeux de la fortune, d'étranges contrastes, et vaut peut-être la peine que je vous la raconte en peu de mots.

Le Grec avait été long-temps au service de la Porte. C'était un de ces Fanariotes auxquels les Turcs jettent à dévider les fils embrouillés de la diplomatie, trop subtils pour leurs mains grossières. Il était prince, je crois; à Paris, du reste, ils le sont tous, ou presque tous. Avant l'embarquement, je l'avais vu plusieurs fois à Toulon. Là il m'avait raconté de grands malheurs que lui avait valus la révolution grecque; sa fortune confisquée; sa tête long-temps menacée, et qu'il n'avait pu sauver qu'en se cachant plusieurs jours, avec de l'eau jusqu'à la ceinture, dans une citerne où il avait pensé mourir de faim, où sa santé s'était détruite pour toujours : il m'avait dit encore la misère qui avait suivi, et l'incertitude de l'avenir rendue horrible par les souvenirs d'une grande fortune perdue. Néanmoins, tout en racontant cela, tout en disant comment la Porte, le frappant pour un fait auquel il était étranger, l'avait jeté dans cet abîme ; n'ayant point encore désappris son langage officiel, fidèle encore à ses habitudes de courtisan, il disait d'un ton doucereux : — Et pourtant, ce n'est pas à la Porte que je puis en vouloir, car enfin les Grecs s'étaient insurgés : que voulez-vous qu'elle fît ? A Alger ce n'était plus le même homme : langage, habitude de style, façon de penser, tout avait changé. Il se posait en vainqueur vis-à-vis les Turcs, avec plus de fierté que ne l'avaient probablement jamais fait Botzaris ou Canaris. Je l'entendis se plaindre amèrement des égards que nous avions pour eux, et qu'il appelait de la faiblesse. Il ne pouvait se faire à les voir assis ou bien fumant devant nous. Il réclamait vivement un ordre du jour qui leur enjoignît de se lever à l'approche d'un officier français, surtout d'un interprète. Cette ivresse du triomphe lui montant au cerveau, il en avait oublié pour tout de bon, je crois, et la Porte et le Fanar. — Eh bien ! monsieur, lui dis-je un jour, lui montrant le misérable taudis où nous nous trouvions, il doit y avoir loin de ceci aux délices si vantées de votre Fanar ?—Vous voulez dire de notre Paris ? interrompit-il vivement avec une aisance, une désenvolture tout-à-fait fashionnables.

Le chrétien s'appelait Jacob Habaïb. Il était né dans le pachalick de Saint-Jean-d'Acre, d'une famille riche, puissante, renommée de temps immémorial pour son extrême piété. Il se rappelait encore, parfois avec émotion, avoir, pendant son enfance, accompagné fréquemment sa mère en pèlerinage à Jérusalem. Dans cette famille, la tradition avait conservé ineffaçables, à travers les siècles, les souvenirs des croisades. Il était peu de jours où ces grands évènemens ne revinssent pas dans la conversation. Et comme depuis ce moment où la domination musulmane avait été sur le point d'être brisée par l'épée des chrétiens, le tombeau du Christ délivré, rien de vraiment important ne s'était passé dans le monde pour ceux qui gémissaient encore sous cette domination, qui voyaient encore ce tombeau journellement profané; comme rien de nouveau, en quelque sorte, ne s'était mis là entre ces évènemens et les récits qui s'en faisaient, après tant d'années écoulées, ils remuaient aussi fortement les cœurs et les imaginations que s'ils fussent arrivés de la veille. Le temps s'était, en quelque sorte, arrêté depuis six siècles sur le seuil de la maison qu'habitait Jacob. L'on y vivait contemporain de saint Louis. Mais l'on y vivait aussi sous la sanguinaire tyrannie de Djezzer, pacha de Saint-Jean-d'Acre. Pendant de longues années, les chrétiens, en leur double qualité de vaincus et d'ennemis du prophète, en avaient souffert plus encore que ses autres sujets. La coupe d'amertume leur paraissait même tellement emplie, que c'était une raison pour que l'espérance commençât à renaître, et les plus hardis en étaient à se dire tout bas qu'il n'était pas possible que Dieu permît que cela durât encore long-temps de la sorte.

C'est dans ces circonstances, c'est après avoir été nourri dans de semblables sentimens que Jacob reçut un beau matin la proclamation de Bonaparte qui annonçait la marche de l'armée française, et appelait aux armes les chrétiens de Syrie. Jacob n'hésita pas un instant, il crut les temps venus où, suivant d'antiques traditions qui n'avaient jamais cessé de consoler les chrétiens, la terre sainte allait sortir des mains des infidèles. A peine se donna-t-il le temps de faire disposer son château à recevoir garnison nombreuse. Il rassembla à la hâte ce qu'il put trouver sous la main de chevaux arabes, d'objets précieux, d'argent comptant, et il vint à la tête d'une soixantaine de membres de sa propre famille se présenter aux Français. Vous devinerez facilement qu'il dut être bien reçu. Au siège de Saint-Jean-d'Acre il fut le commensal habituel de Bonaparte. Après le siège, lorsque, suivant une expression de Bonaparte, Sidney-Smith lui eut fait manquer sa fortune, force fut à Jacob de suivre l'armée hors de Syrie. Proscrit dans son pays, où sa tête était mise à prix, le camp français était devenu sa patrie. Bonaparte eut un moment la pensée de le mettre à la tête de quelques régimens de chrétiens cophtes. Mais ce projet n'avait encore reçu aucune exécution lorsque l'armée revint en France, où Jacob l'accompagna.

Sous la préoccupation des idées qui l'avait conduit parmi les Français, Jacob, à peine arrivé dans leur camp, avait trouvé de fréquens sujets d'étonnement. Aux premiers pas qu'il fit, il se rencontra avec un général qui, ayant saisi par sa barbe blanche le supérieur d'un couvent de chrétiens syriaques, l'en secouait assez rudement : il s'agissait de réquisitions auxquelles le bonhomme ne voulait point entendre : ce n'était très probablement qu'une menace ; toutefois ces manières n'en parurent pas moins quelque peu étranges à Jacob dans le compagnon d'un nouveau saint Louis. Le lendemain il se fatigua inutilement à chercher dans tout le camp le lieu où se disait la messe : il était seul, à ce qu'il paraît, à la prière du matin, seul aussi à celle du soir. Ce fut encore pis en France ; la première église à laquelle il courut était devenue un magasin à fourrage. Apprenant un peu le français, il entendit parler guerre d'Allemagne, guerre d'Italie, journée de fructidor, vendémiaire, brumaire, peut-être encore Pitt et Cobourg par quelques arriérés ; mais terre sainte, tombeau du Christ et sa délivrance, personne n'en disait mot. A la vue de tout cela, à tous ces discours, Jacob se frotta long-temps les yeux, puis enfin finit par s'éveiller homme de son temps. D'ailleurs il ne s'appartenait plus. Bonaparte avait mis la main sur lui. Il l'avait saisi de cette rude main avec laquelle il savait broyer, pétrir, amalgamer ensemble, pour en élever le piédestal de sa toute puissance, les élémens les plus rebelles, les plus hétérogènes ; de ce chrétien fervent, de ce croisé oublié dans notre siècle, il fit le colonel d'une troupe de mahométans ou plutôt de mécréans, s'il en fut jamais, des brillans et valeureux mamelucks de la garde impériale. Jacob fit à la tête de ce corps toutes les campagnes de l'empire. La restauration l'avait mis en retraite ; mais, au premier coup de canon que cette restauration avait tiré contre les Turcs qu'il n'avait jamais cessé de haïr du fond du cœur, il était accouru ; et, faute de mieux, s'était fait interprète.

Passons maintenant au républicain. Celui-ci, volontaire des premiers temps de la république, commandait un bataillon dans l'expédition d'Égypte. Au moment de l'empire, sur l'un des registres ouverts pour recueillir les votes de l'armée, il mit *non*. A quelque temps de là Bonaparte passant la revue de son régiment arrive à lui :—C'est donc vous qui n'avez pas voulu que je fusse empereur?—Oui.—Et pourquoi?—Parce que ce n'était pas la peine de couper le cou à Louis XVI, si c'était pour avoir un empereur.—Rendez-vous chez vous pour y attendre mes ordres. Ces ordres ne se firent pas long-temps attendre ; c'était une destitution et une injonction de quitter la France sous deux jours. Le commandant B..... passa en Italie. Il essaya quelque temps de lutter contre la mauvaise fortune, contre des besoins toujours renaissans. Mais il vit sa cause perdue. Il n'avait d'autre ressource que son épée ; il finit par l'offrir à un ancien camarade, autrefois soldat comme lui, avec lui, puis devenu roi à la suite des aventures de la république, à Murat. Sous Murat, il continua à guerroyer, monta en grade, et à sa chute rentra en France où il obtint une retraite. Mêlé depuis ce temps, à Rome, à je ne sais quelle histoire de carbonari, il y avait été quelque temps en prison. Puis enfin, sans trop de raison, aiguillonné par quelque ancien goût de bivouac et de poudre à canon, il était venu mettre au service de M. de Bourmont ce qu'il avait appris d'arabe sous Bonaparte et Kléber. Là, il ne se faisait pas faute de redire les mêmes paroles que jadis il avait si rudement jetées à la face de Napoléon. A cheval depuis trente ans sur son raisonnement, il avait traversé toutes les révolutions de notre temps, s'était allé heurter à tous les évènemens sans en être désarçonné; il répétait encore imperturbablement, sans variante aucune : — Et au fait, n'avais-je pas raison? était-ce la peine de couper le cou à Louis XVI pour avoir un empereur? A cela dit de la sorte, à celui qui le disait, qu'eussiez-vous trouvé à répondre? quant à moi, je le confesse, ce ne fut jamais un seul mot. Aussi notre conversation qui arrivait nécessairement là, quel que eût été son point de départ, s'y terminait-elle le plus souvent. Mais ce n'en était pas moins un vrai plaisir pour moi que de me trouver avec ce brave et loyal officier, avec ce républicain aux convictions d'airain. J'aimais à penser que Bonaparte, ce Bonaparte dont nous avons fait je ne sais quel être fantastique plus qu'un homme, plus qu'un dieu, au dire de quelques-uns, un jour aussi s'était trouvé vis-à-vis ce même homme, et que lui-même, non pas ici par aide-de-camp, chambellan ou ambassadeur, mais de sa propre bouche, le fixant de ce regard dont tant de gens ont prétendu que la fascination ne pouvait se soutenir, que Bonaparte donc lui avait dit : — Vous ne voulez pas de moi pour maître? Et que celui-ci, le regardant avec des yeux qui ne se baissaient pas non plus, parlant franchement, simplement, bonnement, comme un homme enfin doit parler à un autre homme, lui avait répondu : — Non vraiment, je n'en veux pas! — C'est quelque chose au moins que cela! Calculez un peu sur vos doigts à combien l'aventure est arrivée : vous n'irez pas loin, je vous le jure, pour en faire le compte.

Des femmes du pays, j'aurai moins à vous dire encore que des hommes. Elles sont belles, assure-t-on, mais elles nous sont demeurées, à cette époque du moins, cachées, voilées, inabordables à la moins *criminelle conversation*. On rencontrait bien à la vérité par les rues, par les places, des Juives en grand nombre, mais le teint si have, avec cela tellement malpropres, tellement déguenillées, qu'il n'y a pas, je crois, de grenadier, qui, de leur vue seule, n'en eût assez. L'imagination se refusait absolument à les classer dans le genre femme. On voyait encore des espèces d'ombres blanchâtres, dérobées aux yeux par d'épaisses couvertures de laine, qui, du sommet de la tête, tombaient toutes raides jusqu'à mi-jambe; mais sur leurs voiles la discipline et les ordres du jour avaient écrit de si terribles défenses, qu'aucun, bien que la main en démangeât peut-être à plusieurs, ne se hasarda à les soulever pour s'assurer de la chose. Pour tout dire aussi, ce que leurs pieds et le bas de leurs jambes nues permettait de voir d'une peau le plus souvent fanée, flétrie, était loin d'annoncer de jeunes et frais visages. Les vieilles étaient peut-être seules à sortir; peut-être aussi les laides qui espéraient en leurs voiles? Je veux consulter sur ce point quelque belle dame de mes amies.

Une fois, une seule fois, le hasard souleva pour moi l'un de ces voiles impitoyables.

Revenant du port où j'avais vu embarquer un certain nombre de Turcs qu'on déportait, et retournant à la Casauba, je cheminais à travers des rues tout-à-fait désertes. A quelques pas de moi, j'en aperçus un qui, portant une femme dans ses bras, s'assit sur une borne, à l'entrée d'une étroite et obscure ruelle. Au moment où je passais près de lui, voulant faire tomber la cendre d'un cigare que je fumais, j'abandonnai mon sabre qui résonna sur le pavé. Le Turc entendant ce bruit, tressaillit et releva vivement la tête. Ce mouvement découvrit la figure de la femme qu'il tenait. Imaginez de magnifiques yeux noirs illuminant de leur éclat un teint d'une éblouissante blancheur : de grands cheveux plus brillans que l'aile d'un corbeau et retombant en boucles ondoyantes ; des traits d'une pureté, d'une régularité admirables; admirables aussi de la surprise, de la terreur, de la langoureuse volupté qui s'y peignaient successivement : une tête idéale enfin; une tête de Raphaël éclairée en ce moment à la manière de Rembrandt, par un rayon de soleil qui, l'isolant au milieu de l'obscurité, la caressait en quelque sorte, au sein d'une atmosphère lumineuse : voilà ce qui s'offrit à moi. Je passai lentement devant elle, j'y repassai plus lentement encore, une fois, deux fois, plusieurs fois, pendant que le Turc me poignardait de ses regards où étincelaient la colère, la haine, la jalousie. A la fin, se saisissant de nouveau de la belle créature, et l'emportant légère comme un enfant, il se remit en marche à pas précipités. Je le suivis sous l'empire de je ne sais quelle fascination, voulant revoir à toute force un moment encore cette merveilleuse apparition; mais ayant de l'avance sur moi, et prenant sans doute sa course au détour de quelque rue, il m'échappa. Marchant à grands pas, je fis inutilement assez de chemin pour le revoir. Les regards qu'il m'avait lancés ne se seraient pas enflammés comme ils l'avaient fait si cette femme eût été sa sœur : l'étreinte convulsive et passionnée dont il la pressait annonçait de reste qu'il n'avait pas été habitué à sommeiller auprès d'elle dans les paisibles voluptés du lit conjugal : c'était probablement un amant qui, profitant du désordre que la déportation des Turcs jetait dans leurs maisons, enlevait sa belle maîtresse, peut-être à quelque vieux mari, quinteux, podagre, jaloux. Je me plus dans cette idée sur laquelle je m'en allai, rêvant pour eux, en expiation du moment de trouble que je leur avais occasioné, de longs jours d'amour et de bonheur.

Voulez-vous maintenant avoir quelque idée de l'aspect de

cette ville d'Alger, dont je vous parle depuis si long-temps?

En ce cas, pour recevoir au moins par contre-coup quelque chose de l'impression que vous en auriez reçue en la voyant, supposez-vous arrivant par mer par un beau soleil, voulant monter à la Casauba. La Casauba est, comme vous savez, le point culminant de la ville.

Et d'abord, tenez-vous pour averti que vous ne devez rien rencontrer ici de ce qui partout ailleurs frappe immédiatement la vue. Ne cherchez ni clocher s'élevant aux nues, ni monument dominant orgueilleusement la foule des édifices vulgaires; ne cherchez ni verdure, ni jardin, ni promenade, ni rivière se cachant dans l'ombre, brillant au soleil, et roulant capricieusement dans ses flots, ciel, arbres et maisons.

A la place de tout cela, à quelques lieues en mer, vous verrez apparaître à l'horizon une terre d'une verdure sombre et uniforme, où se détachent quelques îlots de terre rougeâtre. Sur le rivage, au pied d'une montagne, du sommet de laquelle elle paraît avoir roulé et s'être arrêtée au moment de s'engloutir dans la mer, remarquez une énorme pierre blanchâtre. Cette pierre, grandissant à mesure que vous approcherez, finira par couvrir une partie de la montagne : ce sera comme une portion de sa charpente de craie qu'une large déchirure de sa robe verdoyante aurait mise à jour. Long-temps sa blancheur qui éclate au soleil vous éblouira les yeux; vous n'y discernerez quoi que ce soit, à moins cependant qu'à l'aide d'une excellente lunette vous ne puissiez voir confusément dès-lors un saule magnifique, précieusement conservé à la Casauba, et qui, d'où vous le voyez, fait assez l'effet du parasol d'un Bédouin venu là respirer l'air de la mer. Lorsque vous en serez plus près, la montagne se divisera en étages; vous croirez voir grand nombre de carrières régulièrement découpées : ce sont les maisons de la ville; s'élevant les unes au-dessus des autres comme à la courte échelle, elles semblent escalader en rangs pressés les pentes de la montagne. Elles n'ont entre elles aucune diversité de formes ou de couleurs. Elles vous fatigueront de leur monotone ressemblance.

A une demi-lieue à-peu-près, au moment où vous commencerez à discerner plus nettement leurs formes, vous apercevrez aussi les batteries du côté de la mer. En face, sont celles du môle; à droite, le fort des Anglais; à gauche, le fort de Vingt-Quatre-Heures; d'autres encore au-delà de ces dernières, et des deux côtés. Ce système de défense est inexpugnable; l'art de l'Europe n'y saurait rien ajouter. Nos artilleurs se promenaient avec délices sous les voûtes des magnifiques batteries couvertes du môle. En voyant cette menaçante et formidable ceinture dont Alger se serre les reins, comme le lutteur qui s'apprête au combat, vous comprendrez avec quel orgueil les Turcs se plaisaient à l'appeler *Alger la guerrière*.

Le port, misérable crique, ne pouvant pas contenir de vaisseau de haut-bord, ne devra pas vous arrêter long-temps. Entrez donc dans la ville.

Celle-ci peut se diviser en trois parties, en trois zones. La première, comprise entre le port et une grande rue allant de la porte Bab-el-Wed à la porte Bab-Azoun; la deuxième, à limites assez indécises, formées de cette rue elle-même et des rues adjacentes; la troisième, embrassant l'espace qui se trouve entre cette seconde partie, cette seconde zone et la Casauba. Au-delà se trouve la Casauba, attenante à la ville, mais en étant cependant tout-à-fait distincte.

En sortant du port, on entre dans d'obscures, d'étroites ruelles, dont la première qui se présente conduit à la grande et large rue de Bab-el-Wed, à Bab-Azoun.

Cette dernière rue est la plus longue et la plus large de la ville. A vrai dire, elle seule même a quelques rapports avec nos rues d'Europe. C'est seulement par elle que peuvent communiquer entre eux les faubourgs considérables situés à l'est et à l'ouest de la ville, ainsi que les campagnes qui sont au-delà. Elle est garnie de boutiques de toutes sortes, mais surtout d'échoppes de barbiers, qui sont autant de lieux de réunion, de cafés. Parallèle au rivage, elle est horizontale dans toute sa longueur; ce qui la rend le seul lieu de la ville où l'on puisse faire un peu de chemin sans monter ou descendre. C'est donc tout à-la-fois une grande route, un bazar, une promenade. Ces raisons diverses y faisaient affluer, du matin au soir, une foule sans cesse renouvelée. Juifs, Maures, Turcs, Bédouins, Kolouglis, fantassins, cavaliers, artilleurs, s'y pressaient, s'y coudoyaient à qui mieux mieux. Il fallait un quart d'heure pour faire dix pas. Les Kolouglis s'y faisaient remarquer à la beauté régulière de leurs traits : les Turcs, à leurs figures mâles et décidées; quelques ulémas, à leurs turbans blancs soigneusement plissés; les Bédouins, à leur mine féroce, à leurs bournous, roulés autour du corps en manteau, rattachés sur la tête en guise de turban; les nègres et les négresses, à des vêtemens toujours blancs, afin que l'ébène de leurs visages en soit plus éclatant, ou bien encore, à leurs ornemens d'argent, à leurs joues bizarrement tailladées; les femmes juives, à leurs cheveux noirs relevés, ou retombant en nattes, comme on les portait, sans doute, sous la tente des patriarches; les Juifs enfin, à leurs coiffures, à leurs vêtemens toujours noirs, car les Turcs leur avaient imposé cette couleur sinistre, les avaient voués à ce deuil éternel. Vues d'une certaine élévation, toutes ces têtes, si diverses de traits, de couleurs et d'expression, paraissaient se toucher, tant la foule était pressée; elles roulaient, elles coulaient, en quelque sorte, devant vous comme une rivière, comme un torrent fantastique. En même temps, l'oreille était frappée d'un mélange confus de cris, d'imprécations, de juremens, en dix langues diverses, formant certainement le plus étrange bruissement qui ait été entendu depuis Babel.

Au-delà de ce lieu, en se dirigeant vers la Casauba, on entre dans un dédale de rues qui ne ressemblent en rien à ce que l'on quitte.

Celles-ci vont toutes du palais du dey à cette grande rue de Bab-el-Wed, à Bab-Azoun, qu'elles coupent sous des angles divers. Elles s'épanouissent à la façon des branches d'un éventail, avec cette différence pourtant, c'est qu'au lieu d'aller en ligne droite, du point de départ à la base, faisant entre elles des angles égaux, elles se mêlent, se croisent, se brouillent en chemin, de manière à former le labyrinthe le plus énigmatique qu'on puisse imaginer. On les dirait bâties sur le plan d'un écheveau de fil avec lequel aurait joué un chat. Ces rues sont désertes. On y marche entre deux rangs de maisons si rapprochées qu'on se croit parfois menacé d'en être étouffé ; dans certain passage où se trouve pris comme dans un étau. Le ciel n'apparaît le plus souvent que comme une ligne bleuâtre. Parfois on le perd tout-à-fait de vue. Ne laissant entre elles que de sombres corridors, les maisons, qui se font face, se touchent en général par leurs étages supérieurs. Leurs fenêtres sont rares, étroites, soigneusement grillées : leurs portes basses, cachées autant que possible; quelques-unes, mais en petit nombre, assez élégamment sculptées. A chaque pas on se heurte à des ruines; on ne rencontre que solitude, nuit, silence. Mais en revanche, si d'aventure un rayon du soleil vient à tomber au milieu de l'obscurité sur quelque Juive à la robe antique et aux longs cheveux noirs, sur un Turc, sur un Maure aux vêtemens pittoresques, sur un groupe de fumeurs réunis au fond de la boutique d'un barbier, vous avez devant vous mille jolis tableaux de genre, que vous regretterez long-temps de n'avoir pu fixer sur la toile.

On peut errer long-temps dans ces rues. On ne saurait s'y égarer complètement. Descend-on leur pente rapide, on se trouve bientôt dans la grande rue que nous quittons. La monte-t-on, on arrive inévitablement à la Casauba.

Ce palais ou ce château est un entassement confus de constructions de styles et d'époques différentes. Le type élégant et gracieux de la maison mauresque y est cruellement défiguré, il ne l'est pas assez néanmoins, pour que les yeux ne se trouvent assez vivement saisis par les deux étages de galerie, les légères colonnades, les couleurs éclatantes qu'on aperçoit aussitôt qu'on en a franchi le seuil.

Vous remarquerez peut-être, sous une des galeries du rez-de-chaussée, une petite porte étroite et basse. Elle est facilement reconnaissable au grand nombre de serrures et de cadenas qui la ferment. Le chêne dont elle est faite disparaît sous des têtes de clous et des lames de fer. Eh bien! sur le seuil de cette porte, une des puissances les plus illimitées qui aient existé sur la terre est venue se briser pendant des siècles sans l'avoir franchie. Il n'est pas un dey qui, d'une parole, n'eût pu faire tomber dix têtes: les efforts de tous réunis n'auraient pu la faire tourner sur ses gonds. Trois clefs différentes la fermaient. Le dey n'en avait qu'une. Les deux autres étaient dans les mains de deux grands fonctionnaires de la régence. Pour l'ouvrir, la coopération de ces trois personnages était donc indispensable. Il fallait, en outre, que la chose eût été délibérée dans le divan. Cette règle, il n'existait pour le dey aucun moyen de l'enfreindre; en secret, cela n'était pas possible, car la porte, donnant sur l'endroit le plus fréquenté du palais, n'était perdue de vue ni jour ni nuit par les janissaires de garde; en public, il en eût immédiatement payé de sa tête la moindre tentative. Cette porte, vous l'avez sûrement deviné, était celle du trésor: c'était aussi, comme vous voyez, la charte d'Alger, dans son genre, charte vraiment vérité. Tous ces remparts de précautions et de garanties, dont les autres peuples protègent leurs personnes, leurs familles, leur honneur, celui-ci en avait entouré son argent. Là, des gourdes, des onces, des piastres, des douros, des louis, des guinées, gisaient en cinq ou six monceaux, racontant, monnoyant trois siècles de crimes, de violences et de rapines.

Il n'y a qu'un coup-d'œil à donner aux appartemens mesquins, aux corridors étroits, aux escaliers raides et sans grâce du château. Il faut se hâter de monter sur la terrasse la plus élevée. De là on voit toutes les maisons descendre, se précipiter en masse vers le rivage, jusqu'à ce que s'épanouissant, pour ainsi dire au choc, elles jaillissent à droite et à gauche en deux faubourgs longs et étroits. On n'aperçoit de ses maisons que leurs blanches terrasses, qui vont s'abaissant de plus en plus à mesure qu'elles s'éloignent davantage du point où l'on se trouve; Alger apparaît alors tout semblable aux traces irrégulières qu'aurait laissées dans une montagne de craie le passage d'une population de géans. On a devant soi comme un immense escalier, auprès duquel celui de Versailles semblerait fait pour des Lilliputiens.

A sa dernière marche, vous pourriez mettre le pied sur un des bâtimens de notre escadre, qui s'étend là comme une cité flottante, une cité européenne venue se poser en face d'une ville africaine. C'est l'Europe se montrant à l'Afrique dans toute la puissance de sa civilisation. Au-delà la mer se déploie dans son immensité. A votre droite, le cap Matifoux projette ses contours hardiment découpés. Derrière vous, sur la colline dominant la Casauba, le château de l'Empereur, avec son réduit écroulé, ses batteries ruinées, ses murs renversés, est semblable à un athlète étendu sous le coup mortel. Au-delà, mais dans la même direction, l'Atlas surgit aux confins de l'horizon; puis, enfin, tout autour de vous une multitude d'élégantes villas, rayonnant de la ville comme d'un centre, s'éparpillent au milieu d'une campagne verdoyante, empressées qu'elles sont, après avoir franchi le mur d'enceinte, de s'épandre en liberté, au sortir de rues étroites, sans air, sans lumière, d'avoir leurs coudées franches, de respirer librement.

Parmi ces maisons les plus remarquables sont celles du dey et de l'aga, toutes deux entourées de vastes jardins. Toutes sont d'ailleurs bâties sur le même plan. Ce sont toujours, autour d'une cour carrée, deux étages de galeries soutenues par de légères colonnes, toujours le type de la maison mauresque; type élégant et gracieux, que le caprice et le goût de l'architecte tourmentent de mille façons, mais ne vont jamais, fort heureusement, jusqu'à briser entièrement. A voir la pierre se plisser en légères ogives, au sommet des colonnes, tout autour de la cour pavée de marbre, on dirait une tenture, une mousseline, qu'une main d'artiste aurait pris soin de relever et de draper. Un bassin d'eau occupe ordinairement le centre de la cour. Les jardins sont d'une simplicité qui rappelle ceux d'Homère; des légumes, des vignes, quelques arbres fruitiers, voilà ce dont ils se composent. Ils sont arrosés par d'abondantes eaux, qu'on laisse couler en rigoles toujours droites; qu'on ne songe point à faire serpenter en rivière, ou grimacer en cascade; que parfois seulement on retient dans quelques vastes bassins pour en jouir plus long-temps, ou bien qu'on fait jaillir en gerbes élevées pour en multiplier la fraîcheur. Les matériaux employés dans les constructions sont d'aussi peu de prix que le plan suivi est simple, mais ces villas répondent parfaitement au besoin qui les a fait élever : elles sont la forme pure, l'expression naïve et simple d'une idée fortement sentie; il en résulte qu'elles se trouvent en merveilleuse harmonie avec l'aspect des lieux, avec le climat, avec tous les jeux d'air, de lumière. Elles concourent admirablement à former un grand et magnifique spectacle. Lorsque le soleil étincelle sur la chaux vive qui les recouvre, elles éclatent, en quelque sorte, aux yeux, sur la pelouse verte qui les entoure, comme autant de palais de marbre blanc. On a devant soi les jardins enchantés du Tasse et de l'Arioste ; on a devant soi un théâtre tout dressé pour les magiques aventures des Mille et une Nuits.

C'est aussi sur le même type que sont construites les maisons de la ville. C'étaient en quelque sorte ces charmantes villas elles-mêmes qui formaient les rues étroites où vous avez erré. Mais là, sous l'œil du maître, toutes tremblantes d'attirer son attention, c'est-à-dire, d'éveiller sa cupidité, elles se refusaient à toute élégance, elles se faisaient sombres et sales, elles empruntaient les haillons de la misère.

A gauche en regardant la mer, le long du mur d'enceinte de la ville, se trouvent des arbres en assez grand nombre : figuiers sauvages, saules pleureurs, lauriers-roses, auxquels s'enlacent le lierre, le lilas, le chèvre-feuille. Ils se divisent en bosquets dont chacun est entouré d'un mur à hauteur d'appui. Attiré par la fraîcheur de ce lieu, délicieuse sur une terre brûlée, si vous entrez dans l'un de ces réduits, vous verrez, à l'ombre des arbres qui le couvrent, quelques pierres chargées d'hiéroglyphes et de caractères arabes. Elles sont disposées de manière à figurer assez bien, quoiqu'en petit, nos lits gothiques : ce sont aussi des lits, si l'on veut, mais pour le sommeil éternel, des tombeaux. Vous vous trouvez dans le lieu de repos d'une famille turque ou maure, dont tous les membres, suivant le nouveau rang que la mort leur aura donné, y seront venus se placer à côté de l'aïeul commun, à l'ombre des arbres qu'il aura plantés. Aucun étranger n'est admis à ces sépultures domestiques. Ces gens-là tiennent beaucoup, à ce qu'il paraît, à se retrouver en famille au grand jour du réveil général.

Au-delà, dans la même direction, au milieu d'une terre rougeâtre, se font remarquer de petites maçonneries blanches, arrondies en dôme : c'est le cimetière des Juifs, qui sont là, isolés, parqués au sein de la mort, comme pendant leur vie ils l'ont été au milieu des hommes.

Aussi loin que puisse s'étendre la vue, et dans toutes les directions, la campagne se montre parée d'un luxe de végétation qui annonce une inépuisable fécondité. Cette terre renferme dans son sein des trésors qui sans doute en jailliraient au moindre choc de la charrue. Mais pour cette œuvre, croyez-moi, ne comptez pas sur les Bédouins. L'Arabe aime au-dessus de tout à errer, à vaguer en liberté sous son ciel toujours pur, toujours sans nuages. Il ne demande à la terre que de porter sa tente et de nourrir ses troupeaux. Elle ne lui a pas manqué jusqu'à présent. Il compte sur elle. Pour rien au monde il ne se décidera à clouer en place son habitation nomade, à se mettre des entraves aux pieds, à se courber sur une bêche, à se lier à une charrue.

Toute cette contrée, qui au milieu du jour éblouit les yeux des plus vives couleurs, peu d'instans avant que le soleil parût sur l'horizon, était encore plongée dans d'épaisses ténèbres. Mais à peine aurez-vous eu le temps de discerner à l'orient un seul point lumineux, que ce point aura rempli l'espace, que les montagnes et les vallées auront été inondées de flots de lumière. En sens inverse, il en est de même le soir. Le soleil, dépouillé de ses rayons, déjà touche à la fin de sa course, que la terre est encore resplendissante ; puis, tout-à-coup, comme à un signal donné, presque sans transition, sans dégradations de teinte, les ténèbres l'envahissent tout entière. A peine reste-t-il encore, égarées, oubliées au sein de l'obscurité, quelques lueurs pâlissantes qui vascillent pendant trois ou quatre minutes, au sommet des montagnes ou bien à la pointe des minarets. Le tableau a disparu tout aussi rapidement que si l'on avait soi-même fermé les yeux.

Un jour, bien que ce fût pour retourner en France, je cheminais assez tristement le long de ce rivage. J'avais vu la veille un ami d'enfance que je devais ne plus revoir; la maladie que j'emportais, et dont huit jours passés sous le beau ciel de Provence devaient me guérir radicalement, l'avait lui saisi plus fortement. Le jour qui venait de se lever devait être inévitablement, selon ce que m'avait dit le chirurgien qui le soignait, son dernier de ses jours. Cette pensée me préoccupait péniblement.

La fatigue et ma faiblesse maladive se joignant à cela, j'arrivai à bord épuisé. Là, ayant eu la bonne fortune de me faire un oreiller d'un rouleau de cordages, et de mettre ma tête à l'ombre, je fermai les yeux. Presque aussitôt une étrange confusion de choses se fit dans mon esprit; je revis Paris, mais ce n'était plus Paris tel que je l'avais laissé, tel que j'espérais bien le retrouver; c'était Paris avec des assauts au Louvre, à Babylone, aux Tuileries! Paris en guerre, Paris à feu et à sang, Paris abandonné de sa garnison vaincue, sanglante, mutilée! au pouvoir d'une multitude qui s'agitait dans les rues, les carrefours, les places publiques, la fureur sur le visage, du sang sur les mains et les habits! Paris, où les pouvoirs sociaux étaient brisés, où l'ancienne société s'engloutissait comme dans un abîme. Il me semblait voir passer et tourbillonner devant moi une gigantesque et bruyante orgie. Il me semblait assister à une amère et fantasque parodie du grand drame de la société, où les rôles de tous les personnages, rois, peuples, ministres, artisans, magistrats, soldats, se trouvant intervertis, les contrastes les plus bizarres se heurtaient à chaque pas; où l'horrible, le sérieux, le sublime, le bouffon, se mélangeaient en mille scènes, et d'une incompréhensible façon. C'étaient en un mot les évènemens de juillet qu'on racontait à trois pas de moi. Tantôt je croyais y assister, tantôt en entendre seulement le récit; effet bizarre qui se rencontre fréquemment dans les songes, car pour moi, sans figure aucune, ils étaient en ce moment, bien véritablement un songe.

M'étant éveillé au bout de deux heures, je retrouvai tout cela dans mon esprit comme un rêve bizarre. Les dernières traces allaient probablement s'en effacer tout-à-fait, à mesure que je revenais au sentiment de la réalité, lorsque j'entendis quelques officiers parler de ce même rêve que je venais de faire. Ils en raisonnaient fort sérieusement. Mon étonnement en fut extrême. Ce fut alors que je crus rêver. Je me fis redire vingt fois la nouvelle. Arrivée le matin même par un brick du commerce, et bien qu'elle ne fût pas officielle, on la donnait néanmoins comme certaine; j'y ajoutai donc foi comme tout le monde. Cependant à mesure que j'y réfléchis davantage, elle me parut de moins en moins croyable. Il me sembla que rien ne pouvait motiver les fameuses ordonnances auxquelles nous avions déjà refusé de croire sur un bruit vague qui s'en était répandu. En admettant toutefois que ces ordonnances eussent paru; que ce dernier coup de dé eût été joué; qu'eût été fait le dernier va-tout de la monarchie, il me sembla impossible de supposer qu'on ne se fût pas mis en mesure de le soutenir. La garde royale, la garnison, l'artillerie de Vincennes, n'étaient-elles pas plus que suffisantes pour faire face à un mouvement de Paris, pour écraser Paris! Ce n'était donc que sur le terrain du refus de l'impôt, par mille résistances partielles et surtout par la force d'inertie, que je crus possible qu'une résistance sérieuse, une résistance générale vînt à se manifester, d'autant qu'il n'en fallait pas davantage pour donner la victoire à la légalité. Je me dis aussi qu'un gouvernement ayant derrière lui un principe puissant, ayant fait la guerre, ayant une armée, disposant depuis quinze ans d'un budget d'un milliard, d'une administration qui enlaçait le pays comme un réseau était à l'abri d'un coup de main, ne pouvait périr en trois jours.

J'arrivai de la sorte à trouver dans la date de la nouvelle un éclatant démenti à la nouvelle elle-même. Je refusai de croire à la vérité, par obstination à demeurer dans la vraisemblance.

Nous n'eûmes ce jour-là aucune communication avec la terre et le lendemain nous mîmes à la voile.

L'impatience de revoir la France était grande à bord. Je la partageais tout le premier. Certains détails, paraissant positifs, mêlés aux récits d'ailleurs assez vagues qu'on nous avait faits, trouvaient de temps à autre le défaut de la cuirasse d'incrédulité logique dont je m'étais revêtu. Alors de poignantes inquiétudes me prenaient au cœur. Ma famille, mes amis, la France enfin, notre belle France, qu'en était-il de tout cela ? mais vous le savez, on ne saurait desirer bien vivement d'arriver au but sans voir les obstacles se multiplier en chemin. Les vents contraires ou le calme semblèrent vouloir éterniser cette traversée d'ordinaire fort courte. Je revis encore long-temps les Baléares. Je me rappelle qu'un soir entre autres, pendant que derrière elles le soleil se couchait au milieu d'une pourpre étincelante; qu'en face apparaissait la lune mollement bercée sur un lit de nuages grisâtres; qu'à notre droite un orage expirait dans le lointain aux sourds roulemens du tonnerre, à la pâle clarté des éclairs ; que les sommets des montagnes brillaient comme autant de volcans enflammés, tandis que leurs pieds baignaient dans une mer argentée, elles m'apparurent sous l'aspect le plus poétique, le plus pittoresque qu'on puisse imaginer. Pourtant, combien même en ce moment ne m'aurait-il pas été pénible de voir se réaliser le projet de les visiter, que j'avais souvent caressé à notre première relâche? Ce projet était allé grossir cette longue traînée de projets avortés, d'espérances déçues, de mécomptes de toutes sortes, que chacun de nous porte avec soi, que nous voyons s'accroître d'une si désespérante façon à chaque pas que nous faisons dans ce monde.

Arriva cependant le jour où nous revîmes Marseille. Avec notre pavillon blanc nous fûmes nous heurter au pavillon tricolore, flottant sur le port et sur les forts de la rade. Ce contraste inattendu nous raconta les évènemens accomplis dans toute leur gravité. A ce choc subit, ils jaillirent, pour ainsi dire, au-devant de nous dans leur inconcevable immensité. Mais nous ne pûmes cependant discerner immédiatement leurs véritables proportions, en quelque sorte leur nature, leurs formes réelles, et ce fut seulement dans la soirée, quelques heures après notre arrivée, que nous apprîmes le désastre de Charles X, et l'ovation populaire de Louis-Philippe.

BARCHOU-PENHOEN.

www.ingramcontent.com/pod-product-compliance
Lightning Source LLC
LaVergne TN
LVHW021008090426
835512LV00009B/2145